陪孩子走过初中
7~8年级
知识积累期

潘鸿生　勾彦康◎编著

CFP 中国电影出版社
2017・北京

图书在版编目（CIP）数据

陪孩子走过初中7～8年级知识积累期／潘鸿生，勾彦康编著．—北京：中国电影出版社，2017.3

ISBN 978-7-106-04672-9

Ⅰ．①陪… Ⅱ.①潘… ②勾… Ⅲ．①初中生-家庭教育 Ⅳ．①G782

中国版本图书馆CIP数据核字(2017)第048837号

策　　划：申志方　刘爱国
责任编辑：宋　楠　刘爱国
封面设计：汝俊杰　刘爱国
版式设计：司博文
责任校对：柴一兵
责任印刷：庞敬峰

陪孩子走过初中7～8年级知识积累期

潘鸿生　勾彦康　编著

出版发行　中国电影出版社（北京北三环东路22号）邮编 100013
电话：64296664（总编室）　64216278（发行部）
64296742（读者服务部）　E-mail：cfpygb@126.com

经　　销　新华书店
印　　刷　北京天正元印务有限公司
版　　次　2017年5月第1版　2017年5月第1次印刷
规　　格　开本/787 毫米×1092 毫米　1/16
印张/18　字数/ 230千字
印　　数　1–5000册
书　　号　ISBN 978-7-106-04672-9 /G · 0825
定　　价　32.80元

前　　言

初中生的教育，特别是7～8年级孩子的教育，对于所有家长来说，都是一个很大的题目，都是必须面对的一个难题。

孩子从小学升入初中，需要面对一个崭新的人生阶段。一般来说，到了7～8年级，孩子和家长都要面对以下几个方面的转变：从学习方面讲，7～8年级，孩子将经历一个成绩突变期。在这两年的时间里，孩子要开始适应新的学习环境、新的学习方法，以前成绩很好的孩子成绩很容易开始大幅“下滑”，而以前成绩不好的同学则“咸鱼翻身”进入“优等生”的行列。所以，如果家长能够引导孩子重视和利用这一学习成绩的突变期，那孩子就能很轻易地步入优质学习的良性轨道。从身体发育方面讲，7～8年级的孩子正处于“心理断乳”的青春期。他们会对自己身体产生的变化感到非常迷茫，因此很易走向消极和自卑。从心理方面讲，7～8年级是孩子的心理动荡期，最易出现问题。在这一时期，孩子自以为自己长大了，有极强的叛逆家长、教师甚至法律的心理。但又因为他们没有社会经验和成熟的思想，所以往往不能做出正确的选择，不能对自己的行为负责。同时，各种各样的问题也会随之而来，如叛逆、早恋、上网成瘾、追星、学习成绩下降等。可以说，7～8年级是孩子人生阶段的重要转折期，家长们一定要给予足够的重视。

所谓“治标更要治本”，教育孩子也是如此，只有知道了孩子出现问题的原因，我们才能够把孩子的“病”彻底治愈。7～8年级是孩子进入初中学习生活中初始阶段。7年级是个打基础的一年，而8年级又是关键，有着承上启下的时期。没有7～8年级的知识积累，即使孩子在9年级再努力，往往也会与好成绩失之交臂。所以，从这种意义上说，我们必须要树立这样的意识：7～8年级不仅是初中三年的关键期，更是孩子一生的关键期。作为7～8年级孩子的家长，应该转换一下自己的思维方式，改变以往包办式的家庭教育，给孩子提供帮助，使其平稳过渡。

本书从分析7～8年级孩子的心理特征、成长特征角度入手，深度解析如何给予孩子最科学、最有效的引导与教育，帮助孩子更加健康快乐的成长。只有了解了孩子的成长及特点，才能找到合适的教育方式；只有对孩子进行了正确的教育，才能让孩子顺利度过这个关键时期。本书案例丰富，说理透彻，实用性强，是7–8年级家长的必备读物。

目　　录

第三章　向课堂要效率，合理利用课堂时间

第四章　合理安排放学后的学习

第五章　要想学习好，掌握方法技巧是关键

第六章　7~8年级，孩子健全的素质比高分更重要

第一章　7 ~ 8 年级，改变孩子一生的命运

7～8年级，孩子成长的转折期

7～8年级是孩子的生理和心理急剧变化的关键时期。思维在这个阶段形成，性格在这个阶段初步确立。在这个过程中，孩子逐步进入青春期，身心急剧地发展、变化和成熟，我们要了解这个阶段孩子的生理和心理，才能引导孩子，与他们良好地沟通。

1.生理特点

通常来说，7～8年级，也就是12～14岁，资料表明，这个年龄是青少年生理迅猛发育时期中的高峰，男生身体体格正处于生长发育的突增期，女生体重、胸围逐步向着女性体型发育，他们的呼吸、消化、泌尿系统，神经系统功能日趋完善，内脏机能不断增强，第二性症如浪潮般汹涌袭来。

具体来说有以下几个方面：

（1）形态的变化

身高、体重显著增加是青春期的一个显著特点。

①身体的长高。身高增加主要是因下肢骨生长导致的，体重增加是内脏、肌肉和骨骼迅速生长发育的结果。这一时期男孩每年可增长7～9厘米，最多可增长10～12厘米；女孩每年可增长5～7厘米，最多可增长9～10厘米。人的身高是由先天和后天因素决定的。先天因素比较固定，后天因素比较灵活。由于青春期的发育有早有晚，因此出现有的先长个子，有的后长个子，这是正常的现象。身高的定型一般情况是男的在

20～23岁，女的在18～21岁之间。

②体重的增长。青春期体重增长不如身高显著，但增长的时间较长，幅度较大（成年人的体重仍可增长）。青春期除与骨骼有关外，还与肌肉、脂肪、内脏器官的增长有关。特别是肌肉的发育比较突出。由于身体的长高和体重的增加，体态也随之变化。

（2）内脏功能的变化

进入青春期以后，体内的各种器官和组织功能都开始向着健全的方向发展，基本上达到了成年人的标准。

①脑和神经的发育。脑是人体的总指挥，它的生长速度始终领先于其他器官。10岁时，脑的容积已达到成年人的95%。进入青春期后，脑的容积增长不大，但脑的内部结构和功能却不断地分化、发展和完善。因此，脑对人体的调节功能大大增强，分析能力、理解能力、判断能力和解决问题的能力都迅速提高。青春期的一个重要特点就是，由于脑垂体甲状腺、肾上腺等分泌激素都十分活跃，影响脑和神经系统的活动，使大脑比较容易兴奋，喜欢接受新鲜事物，也易出现情绪不稳定，好激动。

②心脏的发育。心脏由于心肌的不断加厚而迅速增长，心肌收缩也不断增强，容积增大，血压和脉搏逐渐接近成年人的水平。由于身体发育快，血管增长也快，但心脏增长的速度与血管的增长相对缓慢，故出现血压偏高，脉搏次数比成年人多。

③肺功能的发育。进入青春期以后，肺的发育进入了旺盛期，10岁肺活量只有1400毫升左右，到13岁就增至2750～3000毫升左右，喜欢运动的同学肺活量更大。

（3）生殖器官的变化

男性睾丸体积增大，并分泌雄性激素，开始产生精子和出现遗精现象。遗精是指男子进入青春期之后，随着性器官的发育，有时在睡眠状态下从尿道排出乳白色液体的现象，这是青春期开始后出现的一种特殊生理现象。第一次遗精大都发生在14～15岁，但也有人早在11岁或推迟到18岁发生。个别人始终没有发生过遗精也是正常的。

女生卵巢质量增加，并分泌雌性激素，开始产生卵细胞和出现月经现象。月经是指进入青春期的女子，由于卵巢分泌的雌性激素使子宫内膜发生周期性变化，每月脱落一次，脱落的黏膜和血液经阴道排出体外，这种流血现象就是月经。因多数人是每月出现一次而称为月经。少女第一次来月经称为月经初潮，它是青春期到来的重要标志之一。初潮年龄约在10～16岁。初潮到来的早晚与遗传、环境、营养和经济状况等因素有关。正常月经一般为28天一个周期，20～40天均属于正常范围，经期一般为3～5天，但在2～7天内也属于正常。

（4）第二性征开始出现

男女生殖器官的差异叫做第一性征。进入青春期以后，在性激素的作用下，男女之间还出现除了性器官以外的男女性各自所特有的征象，这叫做第二性征，也叫副性征。男性的第二性征主要表现在长胡须、喉结突出、肌肉发达、声音变粗等；女性的第二性征主要表现在乳房隆起、骨盆变宽、皮下脂肪较多、嗓音较细等。

2.心理特点

7～8年级的孩子年龄是一个躁动不安的年龄，是一个多事的年龄。由于生理发育的剧变，身体突然长高，特别是性萌发、性成熟开始，使这个年龄段的孩子的心理发展产生了巨大的变化，出现了童年期未曾有过的一些心理特点，如成人感、性意识“觉醒”、冲动性等等。但是由于他们心理发育成熟度显著落后于身体发育，使得他们的“成人感”往往与现实世界发生矛盾，因此为了使自己内心真正得到满足，他们往往采取两种方式，一是获取同龄同伴的认可，一是追求流行文化。在这两种方式中，前者属于不太成熟的小团体，后者会令他们的身心受到社会文化的负面影响。于是简单追随、模仿、尝试，带来哥们义气、盲目强调个性等等不良习性。与此相对的，作为主流文化代表的学校与家庭，与他们追求流行、崇尚绝对自由、要求独立的内心世界恰恰是相对抗的。于是，反感、敌对、叛逆、孤独、焦虑、偏激等等敌对行为和心理状态就产生了，与上一代人之间的代沟也由此形成。主要表现为：

（1）强烈的独立意识

到了初中以后，很多孩子不再愿意事事都跟父母商量，而是自己单独来做。在他们自己看来，自己已经是一个成熟的人了，因此他们开始要进一步显示出自己的个性，希望更加独立，不喜欢别人支配自己，管理自己，尤其是不喜欢家长细致的关照，喋喋不休的唠叨。他们希望有自己的主见，不希望父母给与干扰。

（2）容易冲动

这个阶段的孩子情绪变化大，容易动感情，也容易发怒。这种冲动性与他们的生理发育，特别是神经活动的兴奋过程强，抑制过程薄弱有一定关系。他们常常因为一件小事而狂笑，也会因为某一件小事而颓丧，这种情绪外露是很明显的。

（3）充满热情

该年龄段孩子对人对事充满热情，很容易被那些可歌可泣的英雄事迹所感染。他们具有活泼愉快的心境，对周围现实生活中发生的各种事情都十分关注，对国内外政治生活中的重大事件也很关心。这时，他们的社会情操、爱国情感、集体意识感、友谊、责任、义务感也已经初步形成。此外，理智和美感都有所发展。

（4）青春期萌动

该年龄段孩子由于对性知识的一知半解，他们心理萌动着一些从没有过的新的体验与感受，开始产生神秘的骚动，这使他们对异性既感到好奇，又迷惑和害怕，不敢接近对方。他们对如何与异性相处很敏感。因此，表面上看，他们并不互相接近，而是互相排斥，但是由于对异性的好奇和渴望，内心又有对追求异性的矛盾心理。

（5）抑郁、强迫和焦虑

进入初中以后，很多事情，孩子都要自己安排，自己做，但他们以往又缺少独立生活能力的训练，难以应付目前的快节奏的生活。焦虑、孤独、睡眠不足、多梦及至失眠均有发生，这些症状在初一年级的前半学期发生较多，有的解决不好，会从心理问题逐渐地发展为心理病症。因此，该年龄段孩子在心理变化上是初中阶段的一个转折点，是一个关键发展阶段，应受到特别关注。

3.教育对策

有的心理学家将7～8年级年龄段称为“危机年龄”，因为这个年龄阶段的孩子处在一个激烈、动荡不安的时期，他们的心理发展存在着许多困难与不平衡，所以这一年龄阶段的孩子比较难以教育，但又特别需要正确的教育与引导，家长要根据他们的年龄特点，对孩子实施科学教育。

（1）加强与孩子的沟通

沟通是教育的基础，没有沟通就谈不上教育。家长一定要放下架子，学会尊重和理解孩子，做他们的良师益友，认真倾听他们的心声，用平等的身份和心态与他们进行交流，这样双方容易相互理解和接受，孩子也乐于与家长沟通，我们的教育目的才容易达到。

（2）尊重孩子的独立性

对这个年龄段的孩子，家长应当理解、尊重他们独立性、自主性的要求，在安排活动时，一方面要尊重信任他们，为他们积极创造条件，发挥他们的独立性，培养他们独立工作的能力，不要包办代替。否则，就会使他们的自尊心受到损伤，就可能对家长的正确管教产生厌恶甚至对抗情绪；另一方面又必须给予严格的要求和耐心细致的指导，但是对他们应当注意启发引导多于管教，从而使他们的独立性、自尊心沿着健康的方向发展。

（3）开展青春期性教育

与以往同龄少年相比，当代初中生的一个很明显的区别之一就是生理上的早熟，并且他们的生理成熟要早于心理成熟。生理上的早熟，使性意识提前“觉醒”，但他们的知识水平、认识能力、自我控制能力还相对较低。针对这点，应该开展包括性生理、性心理、性卫生、性道德等教育辅导。

（4）常与老师交流

该年龄段的孩子本身有一个显著的心理特点，就是开始与家长拉大距离，其心理反应和行为受同伴及自身思维的影响较大，其次是受老师的影响较大，再加上初中阶段学生在学校学习的时间较长，与老师尤其班主任接触较多，这就要求家长要常与老师交流，协助老师共同教育孩子，出现心理异常能及时引导、教育、克服，使孩子全面、健康地成长。

综上所述，7～8年级是一个过渡期，它具有半幼稚、半成熟的特点，这个年龄阶段的孩子是身心发展的突变时期，不论在生理方面和心理方面，都存在着不少特殊矛盾。为促进他们身心健康的发展，家长要针对他们身心发展的特点，进行科学教育，帮助他们顺利完成这一转变。

7～8年级，孩子进入青春叛逆期

生活中，我们经常听到一些父母这样的抱怨：“孩子上小学的时候还很乖巧听话，怎么一上初中后，脾气越来越犟，总是不听话，跟你对着干，这到底是怎么回事？”——这其实就是孩子产生了逆反心理。

对7～8年级的孩子来说，他们正处在青春期，很容易产生逆反心理，进而有“逆反”的举动行为：你要我这样，我偏要那样。

逆反心理主要表现在以下三个方面：不服从老师或家长的教育指导；对社会产生不满情绪，向社会挑战；结成同龄群体，寻找“知音”或“朋友”。而且，这些行为多表现为“态度强硬”、“举止粗暴”或“漠不关心”、“冷淡相对（冷战）”等，有时还会因某方面的反感而迁移到其他方方面面。

梅枚读小学的时候，还是一个有爱心、爱学习的小女孩。可是，自从她上了初中以后，变得越来越叛逆了。

前两天天气降温，早上的时候妈妈对梅枚说：“乖女儿，今天天气要降温，比较冷，你再加一件外套吧。快要考试了，千万别冻着！”梅枚急着去学校，因此对妈妈说：“妈妈不用了，反正我身体好，少穿一件衣服也不会感冒的。”说完就去上学了，任由妈妈在身后喊她。

晚上放学回到家，吃过晚饭后梅枚就去复习功课了。在学习的时候她打了一个喷嚏，妈妈听见了，连忙端来一杯水，并拿来一些感冒药。“早上怎么对你说的？唉，让你多穿件衣服，你就不听，瞧瞧现在感冒了吧？都这么大了还不会照顾自己。你看你都快要考试了，感冒了可怎么办？真是越大越不听话。”妈妈边唠叨边把水和药放到梅枚的桌子上。

本来妈妈给自己端水送药，梅枚心里非常感激，可是后来听到妈妈这一通唠叨，她有些不耐烦了：“哎呀，妈妈您整天就知道唠叨，烦不烦啊？我还要学习呢，您去看电视吧。”说着，梅枚就把妈妈往外推。

第二天早上吃早餐的时候，妈妈又开始唠叨了：“丫头，你都快要考试了，现在是关键时期，你可要注意照顾自己，可别感冒了。要不然影响学习……”说着，妈妈又用昨天的事情数落了梅枚一顿。

本来梅枚面临着考试，压力非常大，现在又总是听到妈妈对自己讲这些事，她变得有些急躁、越来越反感了。

在妈妈眼里，梅枚变得越来越不听话了。有时，妈妈纠正她的一些坏习惯，梅枚总是不耐烦地对妈妈说：“妈妈，您不懂，您还是别管了。”不仅如此，梅枚也变得越来越爱闹别扭了，尤其是对妈妈说的话，也不管妈妈说得对不对她都要反驳一下，经常气得妈妈说不出话来。

妈妈感到非常疑惑：现在的孩子怎么越大越不好管了呢？

俗话说：“半大小子，气死老子。”初中孩子正处于青春逆反期，会表现出不听话，爱和大人顶嘴，叫他往东他偏往西，叫他打狗他偏赶鸡的逆反情绪。

正处于青春期的孩子视野更开阔了，自主意识更强了，不再像以往的孩子那样时时处处听从家长的命令。他们已经有了自己评判事情的标准和看待问题的特有角度。这些特有的标准和角度在他们同龄人之间心领神会，但在一些家长的眼里却是混沌一片，不知作何解释。一些家长渴望明白个中究竟，随时随地都想监控自己的孩子，而孩子随时随地又想摆脱家长的监控。在监控与反监控的较量中，世代沿袭的家长权威和地位正经受着前所未有的质疑和挑战。孩子们对于家长的一言堂的管教方式产生了强烈的逆反心理，觉得自己为什么非得听他们的。

青春期的孩子要独立，但父母要管教，于是矛盾必然产生，反抗行为在所难免。若处理不当，会严重影响父母与孩子的感情交流，甚至导致父子、母子关系的僵化、破裂。其实，孩子在这个年龄只是追求自己的独立人格而已，并不像有些父母想的那样存在强烈的逆反心理。只要父母指导得法，是完全可以顺利地度过这一危险年龄的。

小涛是个初二的学生，成绩一直不错，但有一段时间，他的班主任给他妈妈打来电话，说孩子最近成绩下降很快，有时还不写作业。

妈妈接到电话，心里十分着急，气不打一处来。可转念一想，儿子或许另有苦衷。

晚饭时，妈妈看到儿子心情不错，就笑着对儿子说：“妈妈今晚想和你聊聊，好吗？”

“不好。”小涛回答道。

妈妈一惊，问道：“是不是最近功课压力大？”

小涛“嗯”了一声，算是回答。妈妈温和地说：“该放松就放松，不要给自己太大的压力。”

妈妈收拾好碗筷，来到客厅，看到儿子在看他喜欢的节目，就想劝他去写作业，但又一想，儿子这么大了，有自己的安排，就忍住没说。

小涛看完喜欢的节目后，问她：“妈，您不是想和我聊聊吗？说吧，什么事？简单一点。”

妈妈笑了，说道：“好。其实也没什么，我就是想问问你，妈妈最近表现怎么样？”

小涛惊讶地说：“这是什么话啊，您是我妈，什么表现都是最好的。”

妈妈：“错，咱家三口人，三个独立的生命个体，每个人的表现都要让其他两个人认可，你爸出差不在家，现在是咱们两个。你这些天的表现我没意见。我的表现你有意见吗？”

为了让儿子说实话，妈妈强调一句：“你是诚实有主见的孩子，我想听听你的真话。”

小涛看着妈妈，想了一会儿才说道：“妈，我觉得，您最近的表现，我有点意见。”

于是，小涛讲了妈妈表现不好的地方：工作起来霸占电脑，吃饭老是将就，看电视时喜欢讲话等。

听完儿子的话，妈妈说：“听着儿子对我的‘数落’，我才渐渐地认识到，自己工作、生活不分的方式严重影响到了他的正常生活、学习。幸亏他讲了出来，否则，我永远意识不到。”

自从母子俩那晚交谈后，儿子和她的关系越来越好，她也趁机提醒他要按时写作业。渐渐地，儿子的成绩开始有所上升。

对于孩子和父母来说，青春期是令人烦恼的过渡年龄。为此，家长光满足于表面上了解孩子是不够的，家长要改变自己的教育方式以适应成长中的孩子，要调整亲子之间的关系以缓和亲子间的冲突。只有这样，才能更深入地了解孩子、理解孩子，积极地教育孩子。

其实，孩子的逆反心理从另一个角度来说是好事，它是一种独立意识的表现，彰显的是“我”的存在，关键在于父母怎样去进行正确的沟通、引导，使孩子对家长的建议和要求从油盐不进到认真听取，从故意作对到理解服从。

1.正确理解孩子的逆反行为

随着孩子的不断成长，接触范围的扩大，知识面的增加，内心世界丰富了，形成了自己的价值观，这种价值观有时与父母的价值观不同，遭到父母的反对，得不到父母的理解。于是就在同龄孩子中寻找共鸣，父母也就变得不那么亲近了，此时，如果父母不了解孩子的这种心理、生理变化，一味简单、生硬地管教，就会迫使孩子产生反抗情绪和行为。

家长不能老是戴着一副有色眼镜去观察孩子，而要从孩子的角度去认识孩子、理解孩子、尊重孩子。孩子的逆反行为往往是由于他们对独立非常需求，而成人对他们限制过多造成的。随着孩子的成长，他的独立意识也不断的成长，孩子的独立愿望促使他想摆脱成人的干涉。而有些家长不理解这点，他们对孩子仍然是一切包办，这势必引起孩子的反抗。

2.尊重孩子

孩子们自我意识产生后，他们希望自己和大人有平等地位，对大人的要求也是有选择地接受。此时，父母对孩子的行动不要轻易干涉。如果孩子必须服从的话，也不要用强制式或命令式的口吻，而应以平等的姿态征询孩子的意见，让孩子做出选择。

对于孩子很喜欢做的事也不要滥加命令。有些家长为体现自己的权威性，对孩子本已喜欢做的事也要下达命令，结果孩子反而不做了。有位中学生说，他正准备看完电视就去做作业，结果妈妈这时来了一句“还不学外语去”，听了以后，他干脆不去。所以，家长要尊重孩子，相信孩子，以免使孩子形成对立的情绪。

3.不要过分干涉孩子的事

对孩子的事情，只要他到了该做的年龄，而且可以做的事，就放手让他去做，不要过分干涉或包办代替，特别是不要过于盘问孩子的电话、信件，也不要偷看孩子的日记。这样，才能在家长和孩子中间架起信任的桥梁，才能提高孩子的责任感和自信心，增长才干。

4.不要对孩子的期望过高

有的父母对孩子的期望值过高，他们经常埋怨自己的孩子进步太慢，还经常拿孩子的缺点和别的孩子的优点比，越比心理越不平衡。总觉得自己的孩子不够努力，总以为通过提醒孩子别人有多么出色的成绩，可以激发孩子的上进心。事实上，这样不仅不能促进孩子的进步，反而使他产生逆反心理，让孩子失去自信，停留在原地甚至退步。

5.站在孩子的角度考虑问题

家长要自觉地站在孩子的角度，用孩子的眼光、心理来看待和考虑问题，同时尽最大可能与孩子的心理保持步调一致，这样孩子才能感受到父母对他的理解、尊重、支持和信任，也只有这样当孩子遇到困难、障碍的时候，才能以良好的自信心和强大的坚毅力来突破之。只有润物细无声的和风细雨，家庭教育才能真正的取得应有的效果。所以，家长平时在家庭要创造和谐、温馨和关爱的环境，在饭桌上或其他闲暇时间家庭成员之间要像与要好的同事、朋友在一起一样能畅所欲言，这样您才能走进孩子的内心世界，在恰当的时间、恰当的环境和恰当的氛围中给予孩子恰当的诱导，进而克服情绪波动的影响。

7～8年级，抓住孩子情商的发育期

情商是情绪智力发展的标志，高情商是一个人成功的重要条件之一，也是素质教育的重要内容。情商成熟于青少年阶段，因此，对7～8年级的孩子进行积极有效的情商教育尤为重要。

但是，当今教育体制的弊端，致使很多家长将对孩子培养的重点放在智商方面，却忽视了对孩子的人生产生决定性影响的情商教育。这不能不说是一种悲哀。哈佛大学对一百名智力超常的儿童进行了长达30年的跟踪研究，发现他们中的成功者不到20%，同时对近万名智商一般但情商较高的儿童进行了14年的对比研究，发现他们中的成功者竟高达67%，比较发现：这批学生往往都具备“极佳的人际关系和极强的工作能力”。因此，该校心理学教授戈尔曼说：“情商是决定人生成功与否的关键。”

现代心理学家普遍认为智商有一定的局限性，因而我们必须从个人日常的生活中去发现促使一生成功的因素。对于7～8年级孩子来说，不仅应当知道纯粹心智上的技巧，还必须进一步去了解促进使用这些技巧的感情因素和心理态度。个人如何处理情绪，关系到其自身的发展。据有关资料显示，我国目前相当多的青少年存在着不同程度的心理障碍，初中生约为13.7%，高中生约为18.8%。集中表现为情绪易波动、行为偏执、承受挫折的能力差、人际关系不协调，极大地影响了青少年的成长和人才的质量。

美国爱荷华大学天体物理系的中国留学生卢刚，即将结束学业成为博士，按理说前途光明灿烂。但是由于卢刚从小情商低，使得其不善于协调各方面的人际关系。当与另一名中国留学生的竞争处于劣势时，竟残酷地枪杀了自己的竞争对手和几位导师，最后卢刚也饮弹自尽，使自己的前途毁于一旦。

这个例子，就是高智商、低情商所导致的人生悲剧。如果你希望自己的孩子将来有良好的发展，那么就要注重对孩子情商的培养，提高孩子认知、控制和调节自身情绪的能力。

情商（EQ），即情感智商，也就是人对自己的情感、情绪的控制管理能力和在社会人际关系中的交往、调节能力等，属于人的精神范畴。

一般来说，情商可以分为以下几大类内容：

一、自我意识。所谓自我意识，简单来说，也就是孩子需要学会客观地评价自我，认识自己的优劣势。对青春期的孩子来说，这是一种正在逐渐形成的意识，这时候形成的自我意识，对人一生的发展都有着十分深刻的影响，所以，7～8年级阶段培养其良好的自我意识对未来的发展就显得尤为重要。

二、自我管理。自我管理，是指人对自身行为的约束和对自我情绪的控制能力。如今很多青春期的孩子自我管理的能力很差，尤其体现在对自我情绪的管理上。他们很容易产生情绪波动的现象，尤其是考试竞赛的成与败，参加活动的得与失，同学关系的好与坏，都会引起不同程度的情绪波动。同时，往往不能很好地适应一个新的环境，更不能用理性的心态来面对周围环境的变化和他人的评价……这些都是情商自我管理素质缺失的表现。

三、社会意识。这里所说的社会意识，指的是人的社会责任感和利他意识。现在的孩子大都为独生子女，从小受到父母及其他长辈们的百般呵护与关爱。正是这样，让越来越多的孩子失去了最基本的对他人、对社会的关怀意识和服务意识。这对孩子的成长来说，是一种灾难。

四、社交技能。社交技能是指人的社会参与意识和与他人关系的处理能力。这种能力从初中阶段就可以开始慢慢培养了。比如说，班级活动的组织、自已朋友圈的建立、与老师的相处和同学的交流等等，都是对一个孩子最初的社交技能的基本培养。

情商虽然有一定的先天遗传因素，但更重要的是在后天的培养。那么，作为父母，该如何培养孩子的情商呢？

1.注重挫折教育

一个人的生活中不会总是一帆风顺，总会有失败的时候，孩子的生活更是这样。当孩子在遇到困难和挫折的时候，父母需要做的是认真地给孩子上好挫折教育这一课。心理研究表明，承受挫折能力和其他心理品质一样，可以通过学习和锻炼而获得提高。在生活中，家长要经常教育孩子有意识地和接受日常生活和学习中的挫折，明白“失败乃成功之母”、“风雨之后是彩虹”的道理。

2.控制不良情绪

7～8年级的孩子正处在青春期，情绪和情感不够稳定。一些孩子不善于控制、调节自已的情绪，有时为一点小事而伤心或大发脾气，有时为一次失败或考试不理想而沮丧，有的孩子时常被悲观、忧郁、孤独、紧张等不良情绪所困扰，导致学习没兴趣，精力不集中，缺乏主动性和自觉性……所以家长要有意识地引导孩子保持良好的情绪，并教给他们排解不良情绪的方法和技巧。

3.培养适应能力

孩子是一个独立的个体，需要适应一个个全新的环境，没有机会，他的适应能力是不会自然萌发的。只有尽早进入社会，适应外面的人，外面的环境，逐渐地，长大后才不会对外界敏感、遇事退缩，才会融入这个社会。

4.培养合作精神

合作是事业成功的土壤，任何事业的成功，都需要良好的合作。孩子不能只生活在一个人的世界中，早晚有一天他会踏上社会，而社会是一个群体，很多事情都不是一个人可以做到的。父母必须培养孩子与人合作的意识，训练孩子的合作行为，增加孩子的合作能力。要想让孩子做到这些，首先要让孩子学会尊重他人，并善于团结和自己意见不同的人。

5.培养人际交往能力

良好的人际关系对于孩子健康成长非常重要。一个人如果能生活在一个温馨的集体环境中，与周围的同学、老师建立起和谐的关系，他就会消除孤独感，产生安全感，保持情绪的平静和稳定。否则，就会感到孤独和压抑 ,进而影响学习、生活，影响其心理健康。所以家长要鼓励了孩子多参加集体活动，培养孩子集体观念，正确处理人际交往中的冲突，让他们主动并乐于与人交往。

7～8年级，陪孩子走过初中生活的起始期

初中，是中学阶段的初级阶段，是向高中过渡的一个阶段。而7～8年级是整个中学最关键的一个时刻。特别是7年级，是适应中学学习生活、适应新的环境、适应新老师的讲课方式的一个环节，如果在7年级这个阶段不能适应新环境的话，以后在学习和生活中会遇到很多困难。

新学期伊始，刘丹成为了一名初一的学生。开学几天后，班主任张老师发现刘丹有些不对劲：课堂上注意力不集中，寡言少语，不积极参与课堂活动；课前不预习新课，课后不认真完成作业；课间除上厕所外也不出教室活动，不主动与其他同学交往，不参加集体活动；对自己不自信；有时候躲在角落里暗暗流泪。经过与她周围同学的谈话，张老师了解到，以前刘丹是个品学兼优的学生，在学校各方面的表现一直很优秀。学习成绩在班级名列前茅，父母宠爱，老师喜欢，同学关注，她自己也充满自信。可是，自从进入中学后，她变得郁郁寡欢，显得很无助，很茫然。面对新的学习环境，新的生活环境，新同学，新的老师，她不知道该如何使自己融入其中。

其实，有很多孩子像上例刘丹一样，在从小学升入初中的过渡期中显得很茫然，面对新环境显得束手无策，表现出种种不适应。如果家长和老师不能让他们尽快适应这些变化，则可能会对他们造成很大的压力并进一步影响他们对新环境的认可，对自我的肯定，对新的学习生活的信心，而且还可能对他们以后中学几年的学习和生活造成长期的不良影响。因此，如何帮助初一新生尽快适应新生活、新环境，实现小学到初中的稳妥过渡，为整个中学阶段的学习打下坚实基础，就成了家长们必须认真对待且亟须解决的问题。

7年级是孩子从小学升入中学的一个过渡开始，是孩子生理、心理和学习活动的一个转折和飞跃。在各方面都会发生一些前所未有的变化：

一、环境的变化。从小学到初中，进入了一个新的学校，环境产生了许多新的变化。中学是怎么回事？中学有哪些新的不同于小学的要求？孩子们心中无数。因此，刚入初中，不少孩子会显得小心翼翼，不敢随便行动，唯恐别人笑话自己“不懂规矩”或“孩子气”。所以，从小学生变成中学生既是光荣的、自豪的，又是陌生的、新生活的开始，这会带来心理上的矛盾和冲突。兴奋、激动、好奇、胆怯交织在一起，难以适应，需要家长进行引导和帮助。

二、人际关系的变化。首先要师生关系的明显变化。在小学，主要学科教师基本上担任一个班的课，而中学一个教师要教两个或几个班的课。这样对于学生的了解和关照就不如小学教师那样清楚和周到，这就会使刚入学的初中学生感到不适应，并可能对教师产生疏远的“自立感”。其次，朋友关系的变化。由小学上了中学，经过编班后，小学时的一些朋友逐渐疏远了，遇到了不少新同学，一时还不大熟悉。这种人际关系的重新分化与组合，必然会造成初一新生在一段时间内的拘谨、紧张或不安。

三、学习生活的变化。首先是学习内容上的变化。中学和小学相比，所学科目增至七八科，课业负担明显加重，突出地表现为“三多一少”，即：课程多，书多，作业多；课余时间减少。对此，一些孩子开始很不习惯，以至“应接不暇”。其次是学习方式的变化。在小学阶段，只要上课认真听讲，课后认真写作业，听老师和家长的话，一般在考试时都会取得不错的成绩，而且大家的成绩也不会差很多。可进入初一后，随着科目的增多、知识的深入，很多学生发现，原来的学习方法不管用了。另外，小学生的学习主要是眼看、手写、记住，而到了初中，更加注重学生对知识的充分理解，并要学会用思维去分析这些知识点。如果7年级新生仍然按小学阶段的思维方法去学习和思考，自然就会变得很吃力。一些原来很优秀的学生进入初中后，成绩一落千丈就是这个原因。

因此，根据这些变化及其规律，帮助孩子尽快适应中学生活十分重要。著名教育家斯宾塞曾说过：“记住你的管教的目的应该是养成一个能够自治的人，而不是一个要让人来管理的人”。

那么，怎样帮助初一新生尽快适应中学生活呢？

1.提前带孩子熟悉学校环境

为了让孩子尽快适应中学生活，家长可以提前带孩子参观校园，介绍学校的历史和现状，了解学校的规章制度，指出中小学生活的差异，帮助他们安定情绪，适应新的环境，尽快消除因环境变化而引起的心理紧张与不安定。

2.培养孩子良好的学习习惯

在小学阶段，家长更注重对作业的完成情况。完成了，就可以玩了，或者做一做家长布置的额外作业，做完了，就算复习工作结束了。但中学不行。中学课堂教学容量大、学业难度大，学科科目多，对孩子学习的要求也比较多。如果仅仅只是延续小学的学习习惯是远远不够的。所以家长还要培养孩子养成以下的学习习惯：预习的习惯、记笔记的习惯、上积极课思考、敢于质疑的习惯、先复习再做作业的习惯、按学习计划学习的习惯、自觉培养创造性思维能力的习惯、各学科全面均衡发展的习惯等。

3.让孩子学会主动交往

初进中学，有的孩子会因为孤独，只要有人和自己说话就一律视为朋友，或者因为一时交不到朋友就一味地沉浸在对小学朋友的留念中。这两者都不可取。家长要引导孩子不要坐等同学们向自己伸出友好的手，如果孩子需要朋友，渴望得到朋友，那么，让孩子大胆、主动地向自己喜欢的同学伸出友爱的手，相信那些渴望友谊的孩子会成为孩子的好朋友。另外，为了帮助孩子尽快找到好朋友，家长可以利用周末或者假日邀请孩子和同学一起出游，或者在家里为孩子安排一次聚会，为孩子与同学之间的进一步交往提供条件。

4.让孩子学会自理、自立

7年级学生正处于提高自理、自立能力的关键时期。上初中后，孩子因为没有了父母的细心照料，有时会出现吃不下饭、睡不好觉等现象，这

时候家长千万不要乱了阵脚，不顾一切地为孩子安排生活起居。要知道，你照顾孩子照顾得越多，孩子的自理能力就会越差。所以，家长有必要狠下心来，把日常琐事交给孩子，多鼓励孩子勇于锻炼自己。自理能力强的孩子，适应能力也强。

7～8年级，孩子实现目标理想的奋斗期

青春是用来奋斗的，梦想是用来实现的。对7～8年级的孩子来说，奋斗目标就是努力学习，全面发展自我。

目标是什么？是梦想、是希望、是动力、是成功。没有目的地的行走，既不能使行路人感到愉快，也不能激发行路人的动力，这样的行走没有意义。学习也如此，没有目标的学习就像在黑夜中摸索，没有终点和目的地，学习的人也不会积极、主动地去寻找最适合的学习途径。

兴趣是学生最好的老师，而目标是学习最强大的动力。明确、适宜的学习目标可以极大地激发孩子的学习兴趣，时时激励他们去努力追求知识，主动地学习。教育学家指出，人只要还在成长着，他就必须从一个目标走向下一个目标，没有了明确的目标，他的学习和成长便会停滞。而此时身边的每个人都在奋斗，都在进步，因此没有目标的孩子最终会落后于他人，无论他曾经多么辉煌。

一位叫袁华的初三年级学生在一篇日记中写道：

表哥一直是我心中的偶像。他聪明，好学，肯吃苦，做起事来有始有终，从来不知道退缩。

去年表哥以优异成绩考入全国重点大学后，我更是下了决心要向表哥看齐。可是，寒假相见，我发现表哥变了，他变得没有朝气，得过且过，一副百无聊赖的样子。

我问他："读大学辛苦吗？"

他答道："不，辛苦倒谈不上，进了大学就没必要再像过去那样刻苦用功了。"

"不需要刻苦读书？"我很不解，表哥那么喜欢读书，进了大学不正好可以学到更多的知识吗？再说大学里有许多课外活动，又不像中学里管得那样严，可以做许多感兴趣的事。

"唉，你不知道。从小学开始到高中毕业，我就一直有个目标，要好好学习，将来考上名牌大学。现在已经进了大学，你说我再那么拼命干什么？我们好多同学，有的忙着谈恋爱，有的想办法打工挣钱，有的整天上网聊天。不过我自己却不知干什么好，有时感到很无聊。"

"噢？"

读了袁华的这篇作文，做家长的应该有什么启发呢？怎样才能使孩子不断努力学习下去呢？

袁华不明白表哥和他的大学同学何以会这样。其实，许多大学生这种整天混日子的行为是一种缺乏生活目标和远大理想的表现。

没有理想和目标，就无法生活得"有意义"，就无法健康地成长，更不可能成为一个坚强的人。

人生在世，需要有一个目标，有了这个目标的指引，你就会感到肩上的责任，你就会有一种使命感，你就不会随意浪费一分钟，你就不会无所事事，你的学习生活就一定是充实且富有成效的。

真正在学习上表现得特别出色的学生，一般情况下，他们都为自己设定了明确的学习目标，并在目标的指引下努力学习，最终取得了优异的成绩。有一些研究表明，完成同样的学习任务，学习者如果学习目标明确比没有目标的可以节省60%的时间。

《我的高考我的分》的作者、北京大学法学学士姚俊宇，在总结自己的经验时说：

我在中学时代的最大理想就是考进北大，为此，自己“想当然”地搜集了许多有关北大的资料。包括北大的历史、北大的成就、北大老师的轶事，甚至于北大校园里拆除一栋旧楼房的小新闻，我都关注。高三时，买了很多北大的明信片，每一张都有北大的风景。什么时候学习累了，只要一看见图片上美丽的北大，想像一下现实中北大的美好，一下子就来了精神。就这样，在考入北京大学这个理想的召唤下，我终于克服了重重困难，踏入了美丽的燕园。

记得我的同桌更神奇，他的理想是考入复旦大学。他把“杀入复旦”的纸条贴在自己的床头，贴在自己的课桌上，贴在他自己可以轻易看见的任何地方。每天睡觉和起床前都要振臂高喊几声“杀入复旦”。当时大家都笑他傻，可他就是凭着这股傻劲，实现了自己的理想。

可见，理想是如此神奇的一个东西，你必须相信它，把它放在心里，然后，为了它而努力，持之以恒，永不放弃。这样一天、两天、三天，一个月、两个月、三个月……一直坚持下去，这个理想才能够实现。

目标是行动的指南。在孩子人生的漫漫征途中，假如没有一个切实具体的目标，那么他们的行动就会变得盲目和徒劳，进取心和坚持不懈的士气会受到影响。因此，父母要首先让孩子学会制定切合实际的目标，然后坚持到底。

1.鼓励孩子树立目标

在孩子正确认识自我的基础上，父母要鼓励孩子树立自己的目标。如果孩子经常谈论他的梦想或者目标，聪明的父母不要嘲笑孩子的梦想，而是应该鼓励孩子说出来，同时引导孩子向着自己的目标去努力。比如，父母教育孩子好好学习科学知识，可以让孩子多读一些科学知识读本。当然，并不一定是要树立当科学家、政治家之类的远大目标才有意义，实际上，目标没有高低贵贱之分，不管孩子的目标是什么，父母都要积极引导。

2.帮助孩子设置一个适宜的学习目标

帮孩子确立的目标要根据孩子的实际情况，不可过高也不可过低，这样才能一步一个台阶地前进。

有一个同学，平时各科成绩只在七八十分之间，这次期末考试之前竟满怀激情地一下子将目标定为各科成绩都要达到95分以上。这个目标显然是脱离实际的，即使他在临考前昼夜不息，拼命学习，一下子从一个中等生跃升成尖子生，这种可能性是不大的。事实证明他失败了。而目标定得过低，也是不行的，一个平时各科成绩都90分的同学，期末考试成绩却只要求达到90分即可，这个目标显然又太保守了，这样的目标产生不了的激励作用和推动力，失去了定目标的意义。

帮助孩子设置一个适宜的学习目标具有重要意义。适合孩子的学习目标不能过高，也不能过低，而且要切合孩子的实际情况，不能违背孩子的意愿和要求盲目地给孩子设置学习目标。适当的学习目标可以激励孩子主动地发掘自身的潜能，自觉地积极地去学习。

3.鼓励孩子把目标坚持到底

丽丽是一个初二的学生，她每个学期都会为自己设立许多学习目标，但是许多目标都被她中途放弃了。

一星期前，她制订了一个学习500个英语单词的学习目标，每天的学习目标是10个单词，每星期50个单词，星期四和星期日用来复习。但是这个目标确立不到两天，她就开始抱怨："我的功课太多了，这个学习目标对我来说太不符合实际了。"

父母鼓励她："一天10个单词，只需要半个小时的时间。只要你坚持下去，一定可以做到的。"

在爸爸妈妈的鼓励下，丽丽终于坚持下去并顺利达成了学习500个英语单词的目标。

孩子做事没有意志力，常常半途而废，因此父母应该及时为他们加油鼓劲，鼓励他们坚持到底。如果孩子缺乏坚韧的意志力，那么再好的目标也不过是镜花水月。

4.教孩子学会分解目标

父母在帮孩子制定目标的时候，要避免其过于遥远或者不太容易实现。父母不妨教孩子把大目标分割成小目标，鼓励孩子分阶段去实现小目标，直到实现大目标。

文博放学回家时嘟着嘴对爸爸说："老师也真是的，一口气让我们完成30道题，我怎么做得完啊！"

爸爸说："这样吧，你每做完5道题就拿给我看看。"

于是，文博坐在书桌前认真地做起来，很快就做完5道题送给爸爸看。爸爸赞扬了他一番，然后鼓励他再接再厉。就这样，文博一口气坚持把30道题做完了。

这位爸爸的聪明之处就在于建议孩子分阶段完成任务，这等于教孩子将单一的目标分解成几个小目标来完成。一口气做30道题对孩子来说是很困难的，这样的目标过大；而先做5道题这个小目标却是孩子轻而易举就能完成的。爸爸聪明地帮助孩子从心理上减轻了压力，从而使孩子认真、执着地学习。

在孩子制定目标时，父母不妨建议把目标定得稍微低一点，以增强取胜的信心，然后教孩子努力实现每个小目标。例如，如果孩子希望期末成绩从原来的70分提高到90分，这个目标可以分成几步来实现：第一次单元考提高到75分以上，期中考试提高到80分以上。这样，把长期的大目标分解成中期和短期的小目标，把目标变成可以攀登的梯子，我们才可以沿着楼梯一步一步攀登。

7～8年级，孩子需要更多的理解和尊重

很多父母抱怨：孩子上小学还挺听话，以上初中就不再听话了，亲子间的沟通变得不顺畅，孩子也呈现出各种令父母烦恼的状况，虽然具体原因各有不同，但家长未能跟随孩子同步成长，不能及早将孩子作为独立平等的人来尊重理解，是最根本的原因。

7～8年级的孩子一般是从12～14岁左右。这个年龄阶段在儿童心理学上称之为少年期，它在个体心理发展史上是一个从童年期向青年期过渡的时期。这个时期孩子心理发展总的特点是处在一种半幼稚半成熟的状态，它充满着独立性和依赖性、自觉性和冲动性、成熟性和幼稚性错综复杂的矛盾。这个时期突出地表现为一种强烈的独立倾向，他们极力想争得在社会生活中独立自主的地位。他们对自己往往估计过高，事事想自己做主，把自己的见解看成是评价客观事物的标准，对周围成人的话都不轻易相信。针对这些特点，家长既要尊重他们合理的建议与要求，又要注意积极地加以正面引导。如果家长仅凭自己的主观愿望，强行让他们按照自己的意愿去办，往往会因此而产生许多矛盾和冲突。

周楠一直是在父母的细心呵护下长大的。平时不管做什么事情，爸妈会把一切都给周楠准备得妥妥当当的。但是随着年龄的增大，周楠对这一点越来越反感，她觉得自己要独立。

周楠决定先从上学这件事情开始。以前上小学时，总是爷爷接送她上下学，但是开学就上初中了，她想自己一个人去上学。

新学期开始的第一天，周楠把自己的想法告诉了爸爸："我不想让你送我上学了。我自己能上学了，你在家休息吧，我自己上学去了。我都这么大了，还送我上学，万一被同学们看到了，肯定会被他们笑话的。"

但是周楠的想法得到了家里人的一致反对：

"学校这么远，你一个女孩子，这么小，怎么能一个人上学？路上车那么多，出点意外怎么办？没有大人跟着怎么能行呢？还是让爸爸送你上学吧！"

胳膊拧不过大腿。周楠只得"束手就擒"，最后在爸爸的"保护”下上学。

上例中，周楠的家长显然没有意识到孩子的变化，时时处处都要干涉孩子的生活，虽然他们的出发点是好的，生怕孩子在路上磕磕碰碰，但这对孩子实际上是一种伤害。如果家长能意识到孩子长大了，并对青春期孩子有一个正确的认知，及时调整自己对孩子的态度和行为，就会帮助孩子成长。

孩子随着生理的成熟，心理也在发展。孩子每个阶段会表现出不同的心理特征。7～8年级的孩子在心理的发展上，进入到人格的形成时期。孩子人格的形成，表现为孩子已经成为一个完全独立的人。这就要求做父母的在对孩子的教育中，必须尊重孩子，保持孩子健康向上的心态。

即使孩子进入青春期，父母还是觉得孩子年纪小，需要保护，就好像是自己的附属品一样。但是每个人作为一个独立的个体来到这个世界上都有自己独立的意识，如果父母觉得小孩子没有人格，不尊重孩子，这样对孩子的成长是很不好的。

面对青春期孩子的问题，父母的尊重、理解和引导最重要。有位教育家说：“爱是鉴别教育的尺度”，所以，家长要用慈母一般的心肠对待体贴他们，用火一般的真情感化他们。这种尊重、信任、体贴和感化，会使他们产生得到承认的慰藉，进而以积极的态度去接受精神雨露的浇灌。

1.尊重孩子，重视与孩子的沟通

一位母亲很为孩子的教育问题头疼。她找到老师诉说：“我和他爸爸都是60年代末出生的人。我们根本不明白现在的小孩儿在想什么，我和他爸爸虽然都是知识分子，但是在和孩子的沟通、对他的教育上，实在太失败了。”这位母亲的话语里有着太多的无奈。

“我们都是从那个困苦的年代过来的，如今生活好了，把大部分时间都倾注在孩子身上，但是这些不但得不到儿子的认可，而且他还经常和我对着干，我觉得这孩子真是让人伤心。”她提起自己的儿子眼圈红红的。

但是，在和她的儿子交谈的时候，老师发现这个男孩很有自己的一套想法，“我妈就会给别人讲，她多辛苦，我多不理解她，可她理解我吗？偷看我写的日记，不让我接女同学的电话，同学过生日，她死活不让我去，整天唠叨我的不是，什么都得听她的，凭什么呀？我都上初二了，长大了，才不想被她牵着鼻子走呢。和家长有什么好交流的，结果还不是一样？他们要的只是一个听话的木偶。”

从上面的案例可以看出，进入青春期的孩子，有了强烈的独立意识和需求，不愿意时时处处受到家长的约束，所以我们要学会尊重他们。7～8年级的孩子虽然只有十几岁，但他们与我们在人格上是平等的。尤其进入青春期后，孩子的自我意识增强，渐渐把自己当成人看，渐渐把自己对事物的理解当作准确的理解，对家长的话不再言听计从，甚至有时还针锋相对。这时，我们就不能摆出“我是你爸爸”“我是你妈妈”的架子，而要耐心听孩子的陈述，给孩子说话的机会，把你要他那样做的理由一一讲给他听。以成人对成人的方式谈话，有利于与孩子沟通。因为这个年龄段的孩子不再是你说什么他就认可什么的，而是要一定符合他的理解层次他才能接受。

2.接近孩子、理解孩子

法国大作家蒙田说，作为一个父亲，最大的乐趣就在于：在其有生之年，能够根据自己走过的路来启发教育子女。所以，对我们每个家长来说，都渴望孩子按着自己用半生的经验教训换来的真理来学习、生活。可孩子呢，永远充满了好奇。你告诉他前面有石头会摔跤，可是他依旧不会绕行，因为在他们看来，我不试试又如何知道石头大小、是否会摔跤呢？为了避免孩子犯下不必要的错误，这就要使我们的家长去亲近孩子，亲近他们的生活，看看他们在想什么。

有一个孩子早上上学总迟到，老师为此找其母亲谈话。母亲知道后，没有打骂孩子。她问儿子：“告诉我，为什么你那么早出去，却总迟到？”孩子先是愣了愣，见母亲没有责怪的意思，就说：“我在河边看日出，太美了！看着看着，就忘了时间。”母亲听后笑了。第二天一早，母亲跟儿子一起去了河边看日出，面对眼前的景色，她感慨万分：“真是太美了，儿子，你真棒！”这一天，儿子没有迟到。放学回家，儿子发现书桌上放着一块精致的手表，下面压着一张纸条：“因为日出太美了，所以我们更要珍惜时间和学习的机会，你说是吗？爱你的妈妈！”

有时候孩子犯了错，虽然表面上看很严重，可实际上他们的动机并不一定是我们想的那样。如果父母能够走进孩子的内心世界，用心聆听孩子的心声，也许就会发现孩子的行为其实是情有可原的。只有发现了孩子行为的内在缘由，才能够真正对症下药，教导孩子。

第二章　7～8年级，避免孩子进入学习误区

纠正孩子学习效率不高的坏习惯

生活中，不少家长困惑，孩子学习很努力，每天预习、复习、作业，忙得不亦乐乎，但成绩却始终不理想。其实，孩子学习成绩的好坏，差别并不在于学习时间的长短，而在于学习的效率的高低。

于敏爱是一名高三学生，她学习的刻苦用功劲儿，全班没有谁能和她相比，大家给她取了个“学习机器”的外号。她在课堂上认真听讲，课后认真完成作业自不必说，据和她同宿舍的女生说，她几乎不会放过任何看书的时间，包括吃饭、走路、上厕所等，甚至说梦话也在背英语单词。班主任每每训斥那些不认真学习的同学时，总会拿她当训导的武器：“你要是有于敏爱同学十分之一的学习劲头，我保证你能考上清华大学。”谁只要看一眼她鼻梁上的那副像酒瓶底儿一样的眼镜，立即就会明白“书虫”是个什么样子了。然而，她的学习成绩却很一般。所以，许多同学私下里嘲讽她说：“我要是学得像她那样昏天黑地，活着还有什么意思，还不如一头撞死算了。”后来，她高考考了3年，才勉强考上了当地的一所师专。

于敏爱同学的症结就在于学习效率不高，虽然功夫下得很多，但结果却是事倍功半。这样的问题在许多孩子身上都或多或少存在着。面对这样的孩子，很多家长非常为难，不知道该如何办才好。孩子已经很用功了，再抱怨孩子于心不忍。而孩子自己，肯定比谁都更着急。通常而言，学习成绩最好的学生往往不是那些学习最用功的学生，而是那些摸索出了一套最佳的学习方法、学习效率高的学生。

父母怎样才能帮助孩子提高学习效率呢？教育专家提出了以下建议，供家长们参考。

1.给孩子营造一个良好的学习环境

孩子在家的学习过程中，父母要给孩子创造一个安静、温馨的学习环境，以保证孩子能全身心地学习，这有利于孩子的学习效率的提高。同时要给孩子留一部分时间他做自己喜欢或擅长的事，这样既可以减少孩子的挫败感，而且还可以增加成功的经验，让孩子充满信心地学习与生活。

2.帮孩子制定学习计划

学习是一个需要计划性去考虑的事情，针对不同的科目，要有不同的计划和目标。只有安排好了计划和目标，才能够提高学习效率。所以，父母应该帮助孩子以星期、月、年为计划周期，适当安排好学习的任务和目标，让孩子在适当的时间内做适当的事情，只有这样循序渐进，孩子才会养成一个良好的学习习惯。

安排好学习计划，对提高学习效率有很大的好处。父母应该在孩子还没有养成坏习惯的时候帮助孩子养成做计划的习惯。

3.让孩子懂得事情有轻重缓急，先做重要的事

造成孩子学习效率低的一大原因，往往是孩子弄不清楚什么事情是重要的、是自己必须要做的，他们的事情一般是由父母和老师来安排的。因此，父母要让孩子明白，事情有轻重缓急，把时间花在那些不重要的事情上或错误的事情上是不对的。同时，还要让孩子知道自己现在最重要的事情学习，而对于玩游戏、看电视等事情，父母要教孩子在做这些事情之前，先问问自己：“做这件事得花我多少时间？”“有没有比这件事更重要的事情需要我去做呢？”通过这种事前思考，可以帮助孩子少做一些不重要的事情，从而提高时间的利用率。当孩子分得清事情的轻重缓急时，父母可以鼓励孩子要敢于舍弃一些不重要的小事。

4.让孩子主动学习

被动学习是没有丝毫效率可言的。现在很多的孩子学习是因为有父母在背后催，在背后“威逼诱惑”，大多数都不是出于自己的意愿。孩子更多的是想今晚要看什么动画片，要去谁家玩，被动的学习，是感受不到学习的乐趣的，也不会有任何的效率，完全是做给样子给父母看，消磨时间。

学习，只有主动地、积极地去学，才会感受到其中的乐趣，对学习有兴趣，效率才会在不知不觉中得到提高。父母不应该逼迫孩子去学习，而是应该创造一个好的条件，好的方式，引导孩子，让孩子感受到学习的意义和重要性，自发地感到自己非学不可的必要性，孩子才会主动地去学习，而且是高效率的学习。

5.培养孩子注意力集中

孩子学习效率低的最大“敌人”就是不能集中注意力。其实，善于集中注意力的孩子学习起来比较省劲、效率比较高、效果也比较好，因此也有更多的时间来休息和从事娱乐活动。而有的孩子在学习时却是看着语文想数学，看着数学想英语，有的脑袋里还想着电视里正在播放的节目或是一会儿出去和谁一起玩儿，总不能静下心来。这样不安心，自然学习效率就不会高。所以，父母要纠正孩子的这种不良的学习习惯，培养他把精力专注于一件事情上的好习惯。

6.让孩子保持一个良好的心情

人的情绪也是影响学习效率的一个重要因素。每个人都曾经有过这样的体会，如果某一天，自己的精神饱满而且情绪高涨，那样在学习一样东西时就会感到很轻松，学的也很快，其实这正是我们的学习效率高的时候。因此，保持自我情绪的良好是十分重要的。父母在日常生活中，应当让孩子保持一个较为开朗的心情，不要过多地去想那些不顺心的事，让孩子以一种热情向上的乐观生活态度去对待周围的人和事，因为这样无论对别人还是对自己都是很有好处的。孩子也能在自己的周围营造一个十分轻松的氛围，学习 起来也就感到格外的有精神。

7.教孩子提高学习效率的方法

学习是有方法可言的，没有好的学习方法，一味地花时间也是没效率没效果，有了好的学习方法，学习会事半功倍。孩子在年纪小的时候，是按照自己的感觉来学习的，完全没有学习方法。这个时候，父母应该通过自己的经验或者是资料的指导，告诉孩子应该如何去预习、复习、背诵、整理课业等等，帮助孩子从小养成一个良好的学习态度和学习方式。

克服懒惰，让孩子养成勤奋学习的习惯

人们常说：“不怕学不成，只怕心不诚。”学习其实并不难，关键在于你是否用心。诚心地学习、勤奋地学习，就没有什么是学不成的。古今中外历史上取得成就的人，莫不把学习看做是自己的本分，抓紧一切可以利用的时间读书学习。他们对待学习就像蜜蜂采蜜那样不辞劳苦，日积月累，最终取得伟大的成就。而有的人总是企图依靠自己的小聪明，就取得好的学习成绩，这当然不可能持久。爱因斯坦在总结自己成功的经验时说：“天才是百分之九十九的汗水加百分之一的灵感。在天才和勤奋之间，我毫不迟疑地选择勤奋，她几乎是世界上一切成就的助产婆。”

现在，不少孩子缺少的正是这种勤奋的习惯，他们怕苦、怕累、怕繁、怕难，不是硬性任务不去做，不到考试不复习。有的还常常猜题和作弊，或者花钱雇同学代自己做作业。这样学习成绩必然下降，脑子必然生锈。

张秀文，一个普通的中国女孩子，从北京大学毕业，拿到剑桥大学的录取通知书，她拥有一个光明灿烂的未来。这与她的父母从小培养其勤奋学习的习惯分不开的。

张秀文是一个勤奋的女孩。她看不起那些守株待兔，凡事总想不劳而获的人。她信奉一条原则：99%的汗水加1%的天分才会成功。小时候，父母就用“头悬梁，锥刺骨”的故事来教育她。上高中后，她制定了自己的学习计划。

张秀文上学时每节课都上得心惊胆战的，总怕老师叫自己回答问题，要是自己回答不上来，挨一顿骂可是太丢人了。

于是，张秀文和同学们就都在这种状态下存活着，像一头头勤奋的牛，没有思想。惟一的特点就是整天忙忙碌碌，晚上回想一天的收获时，却发现是一片空白。

张秀文每天都要从早忙到晚。早晨5点多起床，要在6点半之前赶到学校上早自习。早上的一、二节课，都是在半睡眠的状态中度过的，为了不被老师呵斥，提心吊胆，书挡脸，手托腮地小睡一二分钟是她最惬意的时候。

中午赶回家吃饭，吃饭后不敢睡午觉，总怕晚上写不完作业而一定要在中午抓紧时间。每堂课都在不停地记笔记。记得第一次期中考试的时候，除了死记硬背和见过的题目之外，一律不会做。“如果照此下去，自己不但考不上大学，很可能连高中都考不上。爸爸妈妈对自己实在是太好了，他们把希望都寄托在自己的身上，如果考不上大学，他们该是多么难受啊!我一定要摆脱这种被动的状态，制定一套自己学习的方案。”

张秀文下定了决心。她为自己制定了一个时间表：

早晨5:30起床、洗漱、吃早饭。

6:30早读，然后按学校安排上课，课间要到室外去散散步。

12:00午饭、午觉。

下午1:30起床、上学。

2:00上课。

晚上5:30放学后跑步20分钟回家。

6:10～7:00预习英语(要记住新单词和读熟课文)。

7:00吃晚饭。

7:30自学数学和其他科目（其中，一定要注意查清自己没有理解的知识点）。

9:00复习前一天学习的知识。

注：每周末，要总结一次各科知识点，并把自己做错的题目记在一个本子上，并且一定要注明当时做错了的原因。

逐渐地，这套学习计划成了张秀文的习惯。这期间，张秀文经常为了理解自己没有弄懂的知识点而又一定坚持自己的时间计划，没有完成老师布置的作业，于是，老师的批评在所难免。

后来，张秀文常常在老师讲例题时作一些补充，把同学们惊得目瞪口呆。终于，在期终考试中，张秀文名列全校第一名。当同学们以特殊的眼光看张秀文时，张秀文却认为自己不过是走了运，而且是走了大运才考到第一名。

勤奋是成才的钥匙，是成才的第一推动力。具备了勤奋这种可贵的品质，孩子就会珍惜时间，自强不息，顽强奋斗，就等于成功了一半。勤奋不仅包括了学习时的态度，也包括学习专业知识时注重的深度和广度，还包括广泛涉猎教科书以外的知识。一个孩子掌握知识的多与少，完全取决于他的勤奋程度。所以，家长应从小教育孩子拥有勤奋好学的优良品质。

1.帮孩子克服懒惰的毛病

懒惰是孩子在学习中的天敌。学习懒惰的孩子喜欢成天闲荡，听课精神不振，不爱做作业，也不愿意温习功课，这显然对孩子的学习和成长是不利的，父母应该想办法克服孩子在学习中的懒惰。

（1）激发孩子的学习兴趣，帮助他们逐渐形成积极的学习态度和学习情绪，增加学习动力，使学习过程变得更加轻松愉快和有效。

（2）要帮助孩子克服依赖性，还得在多种场合提倡他自己的事情自己做。比如，让他独立地解道数学题、独立准备一段演讲，独立地与别人打交道等等。

（3）教育孩子有责任感。什么时间干什么事，要有明确目标，力争今日事今日毕，不要等明天。

2.培养孩子珍惜时间的观念

勤奋属于珍惜时间、爱惜光阴的人，父母要善于给孩子提出合理地建议，比如下面的这些：

（1）学习时间的安排要服从学习内容。学习的内容有主次、详略之分，因此在安排的学习时间上要根据学习内容合理地安排时间，才不至于浪费时间。

（2）充分利用零星时间。零星时间看似很少，利用价值很小，但集腋成裘，聚沙成塔，将零星时间集合起来，就是宝贵的整段时间。

（3）提高时间的利用效率。一天的时间里，人的精力不可能始终都保持同样的旺盛。根据自己的特点，分出轻重缓急，合理分配时间，可获得事半功倍的效果。

(4) 限定时间。连续长时间的学习很容易使自己产生厌烦情绪，这时可以把功课分成若干个部分，把每一部分限定时间，例如一小时内完成这份练习、八点以前做完那份测试等等，这样不仅有助于提高效率，还不会产生疲劳感。

(5) 不要在学习的同时干其他事或想其他事。一心不能二用的道理谁都明白，可还是有许多孩子在边学习边听音乐。或许有些孩子会说听音乐是放松神经的好办法，但其实可以专心地学习一小时后全身放松地听一刻钟音乐，这样比带着耳机做功课的效果好多了。

(6) 注意休息。教导孩子要把学习活动和其他活动有机地结合起来安排。这样既保证了各项活动的顺利完成，也保证了大脑得到休息和身体机能得到较好的维持。

要求孩子养成整理书桌和学习用品的习惯

一位大学教授曾谈起了他拜访的两个人的办公室的情景。

有个人，做起事来，常为杂乱的东西所阻碍。他的办公桌简直就是一个垃圾堆。他经常很忙碌，从来没有时间来整理自己的东西，即便有时间，他也不知道怎样去整理、安放。结果，他的事务是一团糟，不管你在什么时候遇见他，他都表现得风风火火的样子。

另外有一个人，与上述那个人恰恰相反。他从来不显出忙碌的样子，做事非常镇静，总是很平静祥和。他每晚都要整理自己的办公桌，对于重要的信件立即回复，并且把信件整理得井井有条。所以，别人从外表上总看不出他有一丝一毫慌乱。

由此可以看出，保持办公桌的整洁可以提高工作效率，还会向周围的人显示出你是一个办事利落干净的人。这一点，对孩子的学习来说也是如此。

整洁的书桌，不仅让人赏心悦目，而且可以提高孩子的学习工作效率。可现实中，孩子的书桌面上常常是一团糟。有的孩子很不注意收拾自己的书桌，各种小摆设，吃剩的食物、早已不再使用的文具、书籍，堆得满满一桌子。有的学生还喜欢在桌面上张贴人物照片、娱乐海报，或者一些自我激励的警句格言，不论是放得整整齐齐，还是横七竖八，自以为很有气氛，实际上它们不断刺激视觉，都会影响学习。

放在桌面上的东西，学习的时候会不由自主地进入视线，而且有些物品还会引发无限的遐想，成为思想开小差的诱发因素。当孩子全神贯注学习之时，要保持注意力长期集中，本身就是件很不容易的事，一段时间后，即使没有干扰因素，也会产生疲劳而转移注意力。书桌上摆放着许许多多与学习无关的东西，无异于加快注意力分散的进程，干扰了正常的学习。

周末，云燕去表姐家做客。表姐热情地款待了她，并将她请到自己的房间。刚一进房间，云燕顿时眼前一亮，天啊！表姐的书桌可真干净，一本本书摆放整齐，没有多余的杂物，各种学习用品都放在合适的位置。云燕暗暗地在心里想起了自己那乱七八糟的书桌，那些被她扔成一堆的书本、文具，还有满满的杂物，顿时羞红了脸，没再多说一句话。

回家后，云燕给妈妈介绍了表姐的书桌，并问道："表姐把书桌收拾那么干净，对学习有帮助吗？"

妈妈说："当然了，书桌是你每天学习的地方，只有给自己准备一个整齐、干净的学习环境，你才能够更加专心的学习，提高学习效率啊！"

"那我也想有一个干净的书桌，妈妈，你教教我该怎么整理吧！"

于是，妈妈给她讲解了一些整理书桌的简单的方法。云燕照做后，发现书桌上果然整洁干净了许多。慢慢地，她养成了整理书桌和学习用品的习惯，她发现做起事来方便多了，而且写作业的效率也大大地提高了。

由此可见，只有把书桌收拾到位，才能够最大化管理好时间，才能够有章有法地去学习和生活。所以，学习用品的整理要有规律，书本存放在书包或书桌上要有一定的次序，做各科作业要预先安排好时间等等。东西存放无规律，要用时东寻西找，心烦意乱，极易影响学习情绪；做作业不讲条理，东一榔头西一棒槌，学习效率就低。

下面是一位家访老师的自白：

我曾经到一位学生家里家访，顺便"视察"了他的学习环境：那是一个布置得十分舒适的小书房，书桌上收拾得一尘不染，一张旋转的工作椅，灵活而惬意；眼前的小书架上整整齐齐地摆放着一排书籍。令我奇怪的是，书架上的书全用白纸细心包裹起来，包住了所有的书名，又没有加上标识，清一色的"白皮书"，根本就分不清是什么内容。我好奇地问他："为什么不在书脊上写上书名，否则如何区分？”他不好意思地说：“我害怕见到书名。”我第一次知道还有学生害怕见到书名，又问：“都是一些教科书，为什么害怕呢？”他坦然地说：“我每天坐在书桌前，面对着这么许多教科书，语文、数学、外语，还有物理、化学，书多得叫人喘不过气来。每天看，每天都心惊肉跳，好像有什么东西在追赶我，我又无处可逃。我干脆把它们用白纸包起来，把它们全关进‘笼子’里，就再也不会对我构成威胁了。”我大笑起来：“哈哈……你这是典型的掩耳盗铃，自欺欺人嘛！”他没有笑，只是小声地说：“眼不见，心不烦，总比每天感到烦躁好！”我问：“那你现在要找书的时候，怎么分辨呢？”他怪我不懂做学生的苦楚，大声说：“老师你真太不了解我们了，那些课本天天要翻阅，就是烧成灰我也能分辨得清清楚楚，还需要写上书名么？”

摆放得整齐也会对学习情绪产生影响，所以，即使书桌上摆放的是与学习有关的课本、作业本，也尽可能在不用的时候收拾好，不要堆放在桌面上。桌面上堆着一大堆书籍，容易引发焦虑的情绪，这些课本、书籍会给自己无形中增加压力：还有许多内容没弄懂，有许多作业还没完成……尤其是看到那些本来就有压力的学科，望而生畏之情油然而生，学习的心情完全被打乱了。

教育家陶行知说过：“有序之环境促成有序之习性，有序之习性促成理想之学习。”整理桌子，使之井井有条，可以营造一个有序的学习环境，它对增强学习效果，提高孩子的学习成绩有着举足轻重的作用。这也是每个父母需要教会孩子的人生一课。

1.培养孩子收拾东西的习惯

父母平时要经常教育孩子把东西放置有序，使孩子养成自觉收拾东西的良好生活习惯。父母要做到坚决不放过任何一次不按规定办的行为，只要发现一次，就要立即督促按规定摆放收拾好。有时候，孩子因乱塞乱丢而找不到自己的东西，父母先不帮孩子寻找，“惩罚”孩子感受一下不按顺序摆放的后果，然后再帮助孩子。

2.教会孩子清理书桌的方法

父母可以引导孩子按以下步骤进行清理：先进行一次彻彻底底的大扫除，将不需要的物品全部收好归位，与学习无关的东西都应在清除之列，不论是喜欢的还是不喜欢的，都暂且忍痛割爱，至少不要放在书桌上。如果有什么可以激励自己学习的物品，需要放在书桌上的，也要精心设计，不要随意摆放。要使自己的书桌十分清洁、整齐，留有足够的空间读书作业。有的社会学家认为，人需要一定的心理空间，这个空间太小会极大影响人的情绪，而心理空间与自然空间又有天然的联系。因此良好的学习环境直接决定着我们的学习心态。接下来，要花费一些时间和精力好好整理一下自己的各类书籍。对于要放在书桌上的书籍，一定要排放整齐，同时要分门别类地排列。课本、参考书、练习册、作业都清清楚楚，一目了然。需要使用时，随手一拿，就可以准确地找到需要的东西。总之，如果能整理出这样一张书桌，实际上也就是掌握了一种更先进的学习方法，形成了一个更有效的学习习惯。

3.父母要率先垂范

父母的一言一行对孩子的影响较大，而且这种影响往往是潜移默化的，在收拾整理东西方面也不例外。通过调查发现，家中干净整洁、物品摆放有序的家庭，孩子的习惯也很好，反之，家中经常杂乱无章，孩子的习惯也不好。所以，父母是孩子的第一任老师，父母怎样做，孩子便会怎样学。

劳逸结合，学习效果才最佳

孩子学习最忌“死读书”，所谓“死读书”，就是一门心思扎到书堆里面，为了学习而学习，不分白天黑夜，把自己学得头昏脑涨，还以为只有这样学习才能得到“丰厚”的回报。

事实上，孩子学习成绩的好坏不在于学习时间的长短，而在于学习效率的高低。而科学作息，劳逸结合是保证孩子学习效率的关键因素，父母要做好孩子的监督工作，使孩子养成良好的作息习惯。

许刚是学习特别认真的一个孩子，只要有时间他绝对不浪费。他的生活也过得非常有规律，可是有点儿刻苦过头，吃早饭还看书，课间更是不肯放松，能写作业肯定要写作业，能看书就看书。在家里也是，吃完饭就钻进书房。别人家的父母都是劝着孩子学习的，许刚的父母则是劝着许刚学习不要太拼命，要多休息。

有一次，李洁和几个同学约许刚一起打羽毛球。许刚想了想，答应了。李洁来接他的时候，许刚还没换衣服，在书桌前专心致志地拿着一本数学书，专心地思考一道题。李洁催着他赶紧走，许刚把书往书包里一塞，带着走了。

李洁说：“你就是个书呆子。”许刚说：“以前浪费的时间太多了，现在我要抓紧一分一秒，把以前的时间都补回来。”上了车，许刚也争分夺秒似的拿出数学书，认真看起来，时不时地还用笔写写画画。李洁看许刚那样认真地看书，眼睛凑得那么近，不禁摇了摇头。

以后，大家出去玩，都不叫许刚了，觉得跟他一起玩没意思。

不会休息的人就不会学习。很多孩子像许刚一样，认为在学习上只要努力程度够了，肯定能够收到很好的效果。于是分秒必争，心中只记得要好好学，不能松懈。这种思想认识并不是科学的。所谓“过犹不及”，不分昼夜地苦读，强制自己在疲劳的情况下坚持学习，就会出现疲劳过度、注意力不集中、记忆力和思考能力下降、大脑反应迟钝等情况，导致学习效率下降。时间长了，还会出现颈、肩的酸痛不适等生理症状。因此，切忌盲目苦读，要劳逸结合，留有一定的放松时间。在安排计划时，不要长时间地从事单一活动，学习和体育活动要交替安排。

2014年高考结束后，李文博以优异的成就考上了理想的大学。

他从上小学开始，父亲就教他学会调节“玩”与“学”之间的关系。父亲认为，玩时要玩个痛快，学时要学个透彻。后来，为了让孩子能够劳逸结合，父亲就干脆在儿子的书房墙壁一角安装了篮球的球篮。这样，李文博在学习之余，随时都能放松休息。父亲说：“虽然我是老师，可从来不让孩子死读书。作为老师，我很清楚，劳逸结合对学生多么重要。他想玩的时候，就让他好好玩，孩子玩够了，自然而然就知道该学习了。很多家长见孩子贪玩就非打即骂，结果孩子玩也玩不好，学也学不好。这些父母应给孩子更多的空间和自由，这样才更利于他们调整好状态，投入学习。”

劳逸结合，是最好的学习方式，一味放纵和过度学习，都不会有好的效果。疲劳作战，是大忌。家长在对待孩子学习问题上面，不应该让孩子花太多时间去学习，合理的安排学习时间，才会有更好的效率。

1.让孩子保证充足的睡眠时间

睡眠可以使孩子放松休息，补充体力和脑力，对身心健康有很大的帮助。良好的睡眠有助于孩子智力的发展。孩子的神经系统正在发育之中，易于疲劳，保证按时睡觉及充足的睡眠时间，孩子才会精神充沛。

有一位同学学习异常勤奋，特别崇尚古时“头悬梁，针刺骨”的苦学精神，日日熬夜到凌晨一点多，白发陡增，一天睡眠不足5个小时，课堂又不想打瞌睡，只得强打精神，有一次不知不觉地睡着后，脑袋“嗵”得一声砸在课桌上，同桌被吓得“啊”的一声尖叫，待全班同学回过神来，随之是一阵哄堂大笑。按照人们通常的想法如此刻苦的学生学习成绩一定不差。

而实际情况是，以前他的考试成绩还不错，现在是一次不如一次，期间老师和同学们劝过他好几次，可听不进去。结果连普通本科都没有考上。依这位同学的能力和刻苦，考个重点大学本应该不成问题，如今却落到这步田地。

许多孩子不顾白天紧张学习的大量消耗，晚上还贪求灯下用功，家长看在眼里，以为这是孩子在用心学习，其实，一直看书到深夜，不仅会因为过度疲劳而影响学习效果，还会因为睡眠不足而影响第二天的学习，第二天整天都会昏昏沉沉，学习效率低下。所以，一定要保证孩子每天八小时的睡眠，休息好了，才能更好地利用第二天的时间。

2.让孩子每天参加锻炼

有一名初二的女学生，在会考前，整天萎靡不振，严重地影响到了学习和生活。父母急坏了，连忙带她去看医生，可检查结果却没有什么问题，开了两盒帮助消化的中成药就回来了。没办法，父母只得带她去心理医生，可心理医生了解完情况后，告诉她：“回去，每天慢跑一个小时，每天如此，自然就好了。”一粒药也没开。

没办法，只得回来试一试。可让他们没想到的是，这慢跑还真管用，孩子坚持跑了几天症状便开始缓解，又坚持跑了几天，吃饭也香了，睡觉也香了，走起来开始有劲了，精神也好多了，而且学习效率也上来。从此以后，每天都坚持一小时的慢跑，一个月下来，他身上的所有症状都消失了，学习成绩也有明显的起色。

孩子用脑强度大，需要适当运动量。父母可以和孩子约定，每天学习疲倦后，和父母一起去跑跑步，或做一些别的锻炼。共同锻炼的过程，既有助于孩子的放松、增强孩子的体质，也能增进双方的感情，更能帮助父母了解孩子的真实想法。

3.让孩子适时地放松玩乐

学习一定的时间之后，可以让孩子出去玩一会儿，再回来学习。听音乐、聊天、唱歌、看电视，都是孩子放松心情的好方法，尤其是每天保持一个小时的体育锻炼，能缓解大脑的缺氧状况，提高记忆力。

孔子以学习为乐，他说：“学而时习之，不亦乐乎？”列宁说：“休息是为了更好的工作。” 合理地安排学习、劳动、课外活动和休息的时间，能调动大脑各个区域和谐的活动，使学习效率提高。学习上的劳逸结合，是孩子的生理发育和心理发展规律的客观要求，家长们不能顾此失彼，只注重孩子学习成绩，而本末倒置地忽视了孩子身体的健康成长。

4.指导孩子固定学习和休息的时间

应该把学习和休息的时间固定下来，这样做的目的是形成条件反射。一旦形成了条件反射，每到学习时间，孩子会不自觉地将身体的各部分机能调整到易于学习的状态，休息时则会完全放松下来。固定学习和休息时间也有利于孩子安排学习内容，做好学习计划，有计划、有目的地学习，远比无计划、盲目地学习效果好。

改正粗心的坏毛病，让孩子学会认真

认真、细心的反面是粗心、马虎，这个毛病在孩子中是较普遍的，对孩子的影响也是较大的，就小处而言，生活中会丢三落四，学习上错误百出；从长远来说，会影响到事业的成功。纵观成人中的粗心者，多是从小养成的坏习惯。

张杰上初三，马上就要中考了，由于做事情比较马虎，考试时总是出现一些不该出现的错误。父母对此很不放心，担心他中考时再犯这样的毛病。去考场前父母一再叮嘱，考试时一定要认真，不要着急。张杰嘴里答应着知道了，飞似地跑走了。

晚上回到家，妈妈问张杰考得怎么样，张杰说其他科考得的都还好，就是数学出了点问题。妈妈焦急地问："怎么了？"张杰郁闷地说考数学时他先从后面做题，把后面几道大题解好了，时间却不够做前面的了。

妈妈以为是题量太多了，他做不完，谁知他又说，出了考场问同学，他们说后面五道应用题选三题做就可以了，他没看到题目要求，所以出现了这样的问题。妈妈听后很吃惊，很后悔没有尽早纠正孩子学习马虎的毛病。

可见，父母要高度重视孩子对于学习不认真、马虎的问题，因为孩子一旦养成马虎的毛病以后很难纠正过来。父母不要错误地认为孩子大了自然就会好，实际这只是父母的愿望而已，必须经过一些长期的方法加激励性的措施才能见效。

引起马虎的原因，多与家长和孩子两方面有联系。在家长方面，如果在孩子小时候没有及时对其进行纠正，常让孩子一心二用，边看电视边写作业，或是让孩子在一个嘈杂混乱的环境里学习，都有可能使孩子养成粗心马虎的毛病。在孩子方面，有的是性格问题，急性子爱马虎；有时是态度问题，对学习不认真就容易马虎；有的是熟练问题，对知识半生不熟最容易马虎；有的是认识问题，没认识到马虎的危害……帮助孩子克服粗心的毛病，是一件细致的、艰难的、经常反复的工作，只要家长和孩子共同努力，相信孩子一定能够克服粗心的毛病！

1.培养责任心

孩子做事不细心，最根本原因是缺乏责任心所致。一个有很强责任心的人，做任何事情都不可能马虎、不可能粗心。所以要培养孩子做事细心的习惯，首先要从责任心的培养做起。有了责任心，他自然能够小心谨慎地对待每一件事情，从而避免马虎。

2.让孩子的生活井然有序

其实，孩子有这种粗心的毛病也是在从小的生活中逐渐形成的。根据实践，很多粗心的孩子大多在生活中条理不清，比如做完作业，孩子不整理书包文具等，在生活中，做事没计划，就会养成粗心、马虎、无序的生活习惯。所以，建议家长们在家庭中为孩子创造有序的生活环境，培养孩子井井有条的生活习惯，慢慢地，孩子在学习上也会逐渐细心起来。

家长要引导孩子养成整齐有序的生活习惯。生活上，让孩子养成保管自己物品的好习惯，不仅仅是学习用品，衣服、鞋子等也要放到自己的柜子里，自己保管。学习上，要培养孩子养成当天的作业当天完成、做完作业要检查、课前要预习、课后要复习等好习惯。

3.多给孩子正面的心理暗示

如果孩子犯了一点错误，父母就简单归结为粗心、不用功，甚至小题大做批评一通，孩子就会形成一种意识，觉得自己就是一个粗心的孩子。相反，家长经常表扬孩子细心，那么，在孩子心里就有一种“我很细心”的心理暗示。如果我们努力去寻找孩子的细心点，并肯定他、鼓励他，孩子便会感觉自己真的很细心。同时让孩子看到细心的好处，从而让其产生克服粗心的主观能动性，才能从根本上解决问题。当孩子的细心点越来越多的时候，细心便成为了孩子的一种习惯。

4. 宽容对待孩子的粗心

每个孩子都会在不经意的时候偶尔犯点粗心的错误，做家长的要学会宽容，和蔼地对待孩子的不经意。但是要讲究方法，首先让孩子自己去寻找错误，并意识到出现这样的问题是因为自己的粗心。然后郑重其事地告诉孩子，这是一个极不好的学习习惯，不是伸伸舌头就可以放过去的。一定要在今后的学习中克服。你和蔼宽容的态度和周到的利弊分析，会让孩子十分乐意接受你的建议，在以后的学习中努力改正粗心的坏习惯。

5.家长要以身作则

孩子在小的时候无论做什么事情都是以家长为榜样的，家长做得好坏都会直接影响到孩子。如果家长平时也爱学习，孩子看到家长认真学习的样子也就会认真起来了。

父母是孩子的第一任老师，而且是时时刻刻都影响孩子行为的老师，父母的性格特征也影响着孩子的行为习惯，乃至性格的形成。父母如果平时就丢三落四，做事马马虎虎，孩子也很难做到认真、谨慎。要想培养一个认真谨慎的孩子，请父母也不要做马大哈！

6.给孩子创造无干扰的学习环境

张晓含今年14岁了。他的爸爸妈妈特别喜欢看电视，在遇到他们喜欢的节目时他们会哈哈大笑或是大声评论，丝毫不顾及正在学习的孩子。

张晓含本来就有容易分心的坏习惯，在父母的干扰下，分心的毛病更是明显了。在父母的嘈杂声中，张晓含发现很难将注意力集中起来，不自觉地会把题目看错，把单词拼写错。

特别是最近，父母几乎每晚都要看电视，张晓含的注意力已经严重地被他们的声音分散。他由于无心学习，在自己屋里偷偷打起了游戏，学习成绩比以前明显下降。

从这个事例可以看出，孩子的注意力很容易受到外界的影响。注意力受到影响，就不能集中精力学习，学习效率自然会降低。所以，父母要为孩子创造安静的学习环境，不在孩子学习的时候开电视机，也不要打牌或打麻将，最好父母也能坐下来，和孩子一样学习或看看报刊，这样父母的榜样作用就发挥效应，有利于孩子安心学习，出错和粗心大意的情况会大大减少。

帮助孩子克服不专心的毛病

专心是一个人对其所做事情的专注和关心。对孩子来说，不论学习还是做其他事情，如果不专心，那是肯定做不好的。

呜呜做作业思想不集中，一会儿看电视，一会儿听音乐，一会儿吃瓜子，做做、吃吃、玩玩，效率极低。一个钟点的作业量，磨磨蹭蹭拖了半天还没完成。

第二天，他的作业本上都是一个个红的“×”，他还说是自己粗心。课堂上，老师提问呜呜，他却脱口而出“奥特曼”，原来在老师讲课时，他正想着动画片《奥特曼》中的情景呢！

上例中的呜呜为什么会出现这种情况，原因就是他不专心。

孩子不专心是多方面原因造成的，有的是对学习对象缺乏兴趣，有的是因精力不足，有的是受他人影响，有的则是父母的影响。要克服孩子不专心的习惯必须找出原因，对症下药，才能收到事半功倍的效果。比如，孩子必须学习的东西，虽然他没有兴趣，家长也不要放弃，要千方百计来培养孩子的兴趣，兴趣培养起来后，他也就自然专心了。可见，“专心”是一项可训练、学习、培养出来的行为习惯。

韩宁爱听有关动物的故事，爸爸妈妈总是认真地给他讲这方面的故事，并且将一些做人做事的道理寓于故事之中，让他去领悟。

有一次，爸爸讲到动物专注的故事，说狮子去喝水时，它们会一直走向水塘，就算中途碰到猎物，它们也不会去追捕；猴子在摘野果时，只是摘果子，中途不会去喝水；大象洗澡时，不管十里八里，同样会直奔水塘，中途不会突然改变主意干别的事。

爸爸告诉韩宁，驯兽师在训练猴子或大象的时候，一次只让它们做一个动作，即让它们的脑海里只决定一件事，否则动物们再聪明也学不会复杂的动作。而且，它们的大脑神经也会拒绝一次决定两件以上的事情。这是它们的本能。

讲了动物的故事后，爸爸对韩宁说：“一次只做一件事，并努力做好，这叫专注，三心二意，表面上同一时间可以做多件事情，但是到头来一件事情也做不好。”韩宁从中懂得了专注做事的重要性。

动物们一次只做一件事，看似呆板，不知变通，实则也有好的一面。那就是简单做事，是保证高效的方式之一。其实我们也应让孩子学会这种做事方法，该学习的时候好好学习，该放松的时候尽情放松，这样孩子会成长得更加快乐。

作家爱默生说：“生活中有一件明智的事，就是精神集中；有一件坏事，就是精力涣散。”同样的道理，如果孩子在学习中目标太多，必然无法精神集中，从而导致孩子不能够专注地去做事。不能把精力集中在某一个具体目标上，从而常常导致孩子无所适从，失去学习的动力。因此，父母有必要培养孩子专注的品质，让孩子养成专心学习的好习惯。

1.培养孩子的注意力

集中注意力对任何一种劳动，尤其是脑力劳动具有非常大的意义。能做到注意力集中的孩子，不但完成作业比较快，而且完成得比较好，效率高。那些作业马虎、粗枝大叶的孩子主要是由于注意力不够集中，没能仔细地看准习题的要求和提供的条件。而且，善于集中注意力的孩子学习起来比较省劲，效果比较好，也因此有更多的时间来休息和娱乐。

2.让孩子在一定时间内专心做好一件事

常听有些父母说："我的孩子做事效率低，做作业动作慢，一边写一边玩。"父母要注意培养孩子在某一时间内做好一件事的能力。对于家庭作业父母要帮他们安排一下，做完一门功课可以允许休息一会儿，不要让孩子太疲劳。有些父母觉得孩子动作慢，不允许孩子休息，还唠叨没完，使他们产生抵触心理，效果反而不好。

小丽是初中一年级的学生。有一次，她和妈妈在路上遇见了班主任老师。班主任老师向妈妈抱怨她上课时总不能和其他人一同按时完成课堂作业，好像跟不上似的。妈妈回来并没有批评她，而是同爸爸一起，仔细地观察她的学习习惯，分析原因。最终发现，出现这种情况根本原因是由于她的不专心。于是，妈妈非但没有强迫她学习，反而叫她放学后尽情去玩，作业等妈妈下班回家后再写，但条件是必须在规定的时间内完成。由于要在妈妈规定的时间内完成，她就必须专心致志。于是从那以后，她做功课不再东张西望，写字的速度也快了许多。而且直到现在，她在听课或者自习时都极少走神，做作业的效率也比较高。

在孩子学习的过程中，规定一个固定的时间段让孩子自己独立专心完成，不能边学边玩，避免丢三落四的习惯。只有保证专心做一件事情，才能在专注中保证学习质量。

3.给孩子创造良好的学习环境

环境对孩子专注力的培养有重要的意义，并且直接作用于孩子的心理状态。孩子常会因各样的刺激物的干扰而出现专注力分散的现象，声音嘈杂的环境，杂乱无章的屋子，不正常的家庭生活，所有的这一切都严重地影响着孩子的专注力。所以，家长要给孩子营造安静舒适的学习环境，给孩子专注做事的空间，给孩子独力做事的自由性，家长要控制好自己嘴巴，不要去打断孩子，否则孩子的注意力就会转移或受影响，注意力就会大大的分散。

4.结合孩子的兴趣培养专注力

兴趣是最好的老师，不管谁在做自己感兴趣的事情时，总会很投入、很专心，孩子也是如此。孩子对事物的兴趣越浓，其稳定、集中的注意力越容易形成。生活中我们会发现，孩子在做某些事情时总是心不在焉，而在做另一些事情时却能全神贯注、专心致志。因此，父母可以利用孩子的兴趣和爱好，培养孩子的专注能力。

主动学习，不用父母督促

很多孩子在学习上都缺乏自觉性，总是要让父母三催四请才肯学习，以这样的态度去学习又怎能学好呢？只有从小培养主动学习的习惯，才能积极进取，取得好成绩。

学习是一个漫长的过程。只有孩子自己想学，愿意主动付出努力，才有可能得到最好的结果。苏联的一个教育家说：“家长和教师通常都犯的错误是，他们不了解学习是脑力劳动，脑力劳动所特有的规律是劳动者必须处于主动的状态。”要想让你的孩子学习达到理想的状态，你必须把他激发到他自己想去学习，而不是你逼迫他去学习。

很多家长已经习惯这样的唠叨：

“快去学习！怎么还有心思玩啊？”

“都快考试了，怎么还不抓紧时间看书？”

其实，诸如此类的“学习！学习”的命令并不能产生多大的效果。因为学习是个人自己的事情，外界的催促和逼迫并不能产生根本性的作用。

学习不能靠别人的督促，而是靠主动的心态和求知欲。许多孩子在学习时被人催促学习，可能会有逆反心理，不听家长的劝告和要求，不太想做老师布置的功课。这种情况下，学习通常都是在迫不得已的情况下完成的。这样一来，学习效果显然不够理想。

小梅最近写了一篇作文：

我学习经验中很重要的一条就是自觉主动地去学习。我认为我自己是学习的主人，所以要发挥自己学习的主动性、积极性。如果我不懂老师的解释，或者有些原理还不清楚时，我就会请求老师再讲一遍。如果老师提出了问题，我经过思考后，就很愿意举手回答以检查自己是否正确。放学后，我先把作业独立完成了，然后再按照计划预习、复习功课，之后再阅读一些课外读物，干完这些后，再帮妈妈做一些力所能及的事。妈妈夸我是个自觉的孩子，能够自主学习，每个月还多给我一点零用钱呢，让我喜欢什么书自己买好了，我好高兴啊。

对爱学习的小朋友来说，学习新知识、看书，满足了他的求知欲，就是他的幸福与快乐。只是幸运的是，他的兴趣与爱好，正好是很多小朋友的必修课而已。

“主动学习”是相对于“被动学习”而言的，这是一种高品质的学习状态，最大的特点是发挥学生的主观能动性。学生在指导下，能主动积极地参与到学习中来，根据自己的学习能力、学习任务的要求，积极主动地调整自己的学习策略和努力程度，从而完成学习任务。理论和实践都证明，发挥学生学习的主体作用有非常重要的意义。

如果说被动学习是把知识往孩子的脑袋里灌，那么主动学习就可以算是做学问，通过阅读、研究、分析、比较，让自己掌握的知识更系统、更充分、更扎实。这就像是给自己心中的知识树浇水施肥，看着它逐渐茂盛起来。两者的差别在于，一个能在自己心里扎根，另一个只能留下暂时的记忆。从效果上来看，主动学习的效果更好；从效率上来说，主动学习的效率更高；从难易程度上来看，条件反射式的题海战术和强化训练，等于是用做十道题的时间，来找出一道不会做的题目，并且在发现不足之后，孩子的脑力体力都近于衰竭，即使当时能死记硬背记下题目做法，只要稍加变化，结果还是不会。而主动学习，则是把全部时间用来弥补自己的弱点和漏洞，当然能更容易取得好成绩。主动学习的习惯是在学习过程中经过反复练习形成并发展，成为一种个体需要的自动化学习行为方式。良好的学习习惯，有利于激发学生学习的积极性和主动性，培养自主学习能力，使孩子终身受益。

1.让孩子知道学习是为了自己

现在不少孩子，学习目的性不够明确，在当被问及“为什么学习”时，不少孩子的回答是“父母要我来读”，也有孩子回答“为了将来找份好工作”，甚至有的孩子生说“我来上学是因为我爸妈要求我出人头地”，这样的孩子，他们在学习上必然缺乏内在的驱动力，而处于被动、消极状态。另有一部分孩子不能说他们没有明确的学习目的，没有追求的理想，但他们的学习目的是为了取得一个好分数，以求将来进一所好学校，谋得一份好职业。学习目的不明确，缺乏崇高的人生理想，是孩子不能主动学习的内在主因。

下面是一位父亲讲述他儿子的求学经历。

儿子以优异的成绩考上了外国语大学，我一直引以为豪。但在过去，我儿子读高一的时候还懒懒散散，对什么都没有兴趣，成绩一直在班级中下游，老师和我都非常着急，思想工作做了不少，大道理他也全懂，就是提不起学习热情。我很失望，逢人便说："我在单位里当支部书记，经常给别人做思想工作，为什么就说服不了自己的儿子呢？他每天上学，书包还要我来整理，没有我的照料，恐怕他会把自己也弄丢。"正在我一筹莫展之际，转机到来了。我国外留学回来探亲的外甥来看我，那外甥能讲一口流利的英语，给我们描绘了许许多多的国外风情，也讲述了许多自己多年拼搏而小有成就的经历。在一旁的儿子表现出了极大的兴趣，儿子对我表示，高中毕业以后，也要去国外留学！我就说："你怎么去啊？"儿子说："你给我筹钱啊。"我因势利导："有钱就可以了吗？你英语过关了吗？到了那儿别说上课什么也听不懂，恐怕出门问个厕所也做不到！"留洋的外甥也在一旁说："英语过关是起码的要求，否则你怎么生活呢？我们在国外全靠自己谋求生存，没人能真正帮助你。我们读书都很勤奋，要在国外站稳脚跟，就要学习、学习、再学习，因为我们每个人都知道，学习是为了自己。"

就这么一句"学习是为了自己"，深深地烙在儿子的心中。从此以后，儿子完全变了，常常说我学习是为了自己，我要学一口流利的英语，我要出国深造，我要考上一流的外国语大学。学习目的很明确，学习是为了自己的生存，为了自己的发展，还有什么比这更有动力呢?

所以，父母要想让自己的孩子激发学习热情并长久保持，可以理直气壮地照直说：“学习，不是为了别人，学习，是为了自己，为自己而努力奋斗吧！”

2.帮孩子树立学习目标

有目标才能有动力。明确的学习目标，是孩子自主学习成功的前提条件。美国近代心理学家布鲁纳说过：“要使学生对一个学科有兴趣的最好方法，是使他感到这个学科值得学习。”帮孩子树立学习目标，可以激励孩子超越自我，成为他们自觉主动地学习及不断前进的巨大精神力量。

周恩来同志小时候学习十分刻苦，学习兴趣始终很浓，成绩十分优秀，就得益于他有明确的学习目的、端正的学习态度。有一次老师问同学们：“你们是为什么来学习呀？”有的孩子说“为了将来当官”。有的说“为了今后赚大钱”。只有周恩来一人站起来严肃地说：“为中华之崛起而读书！”所以，当他在法国勤工俭学时，乃至后来在艰苦的战争环境中还坚持学习，学习兴趣始终不减，力量就来自于这简短的一句话。

目标是学习的动力，兴趣是学生最好的老师。只有明确学习目标，对学习产生浓厚的兴趣，才能完成学习任务。所以说，教育孩子确立自己的奋斗目标，是培养孩子上进心的非常重要的一种方法，是促使孩子自觉主动学习的最佳途径。

3.营造良好的学习氛围

孩子的学习成绩是每位父母最关心的事情，但他们往往忽视了一个提高孩子学习成绩的重要因素，那就是家庭氛围。孩子的学习上进离不开良好的家庭氛围，良好的家庭氛围是孩子学习上进的保障。

金丽是一个初二的学生，父母很重视对她的家庭教育。金丽刚开始上小学的时候，爸爸就立下了一条规矩：每天吃完晚饭稍作休息后，全家成员安静地学习一小时，谁都不能例外，并且要持之以恒。直到现在金丽上了初中，这个规矩还在发挥作用。每天吃完饭后，爸爸都会主动地关掉电视，拿出报纸或读物看，妈妈也拿出小说阅读。在这样的熏陶下，金丽当然也不甘落后了。她安心做作业，有时也会按照父母的指导看些有意义的书籍。这样的家庭环境让金丽养成了勤奋好学的好习惯，一直持续到现在。

可见，有什么样的家庭气氛，就会培养出什么样的孩子。给孩子营造一个热爱学习、积极向上的家庭氛围，一定会造就一个爱学习、求上进的好孩子。家长平时在家里可以多看看报刊，陪同孩子一起看书、学习，做好孩子自觉学习的榜样。“身教重于言教”“其身正，不令而从”，看到爸爸妈妈对学习的态度，孩子也会潜移默化地受到影响，从而做到自觉学习。

4.激发孩子的学习兴趣

提高孩子的学习动力很重要的一方面是：如何激发和提高他们的学习兴趣。托尔斯泰说过：“成功的教学所需要的不是强制，而是激发学生的兴趣。”兴趣是最好的老师，只有孩子对学习的内容感兴趣，才会产生强烈的求知欲望，自动地调动全部感官，积极主动地参与学习的全过程。

小华今年读7年级，学习成绩很不理想，尤其是数学。尽管妈妈经常对她讲数学的重要性，小华也知道数学的重要性，但是学习成绩总是没有起色。

这天，妈妈拿了一个有趣的关于计算的脑筋急转弯的书，小华觉得很有意思，就很认真地思考。妈妈顺势引导她读了很多锻炼大脑思维的书籍，在妈妈的帮助下，小华对数学产生了强烈的兴趣，她觉得在思考的过程中可以得到很多快乐，还总结了很多学习方法。不知不觉，小华的数学成绩也有了很大进步，学习能力也不断增强。

学习兴趣是推动孩子学习的一种最实际的动力，它能够促使孩子自觉地去学。父母要紧密联系孩子的生活实际，从孩子的生活经验和已有知识出发，创设生动有趣的情境，引导孩子观察、操作、交流等，使孩子通过活动，掌握基本的知识、技能，学会观察事物，思考问题，激发对学习的兴趣以及学习的愿望。

第三章　向课堂要效率，合理利用课堂时间

重视课前准备工作

俗话说“良好的开头是成功的一半”，课前准备是课堂学习的基础，孩子养成良好的课前准备，是成功的前提。

课前准备直接关系到课堂学习的质量。有的孩子课堂学习效率低，往是由于忽视课前准备这一细微环节，导致不好的学习状况始终得不到改善。那么，父母应让孩子做好哪些方面的准备呢？

可以从以下四个方面来做好准备工作：

1.做好生理上的准备

上课学习是一项艰苦的活动，它需要学生有充沛的精力和健康的体力。学习紧张的时候，大脑神经细胞在激烈、紧张地活动着，大脑在进行旺盛的新陈代谢，保持着兴奋状态。但这种兴奋状态维持的时间不可能太久，过一段时间必须进行休息，以补充神经细胞消耗掉的能量，恢复功能，消除疲劳。不然，人就会表现出注意力不集中，甚至出现头昏脑涨、反应迟钝等现象。因此，为了保持上课精力充沛，积极活跃，需要做到规律作息，劳逸结合。

家长使孩子的作息有规律的具体做法有以下几个方面：

一是保证孩子睡眠，提高睡眠质量。

睡得好，人的体力和精力就恢复得好。既要保证孩子一天8到10小时睡眠，又要提高孩子睡眠质量，要睡深、睡熟。一些学习好的孩子，一些有作为的人，都有自己很好的睡眠习惯。只要坚持努力，是可以使孩子养成好的睡眠习惯的，这将使他（她）终生受益。

为此，要让孩子做到下述四要四不要：

四要是：要孩子在晚上10点之前睡觉；每天要孩子坚持同一时间睡觉；让孩子睡前要用热水洗脚，如果自己能做做足部按摩更好；要让孩子做到躺下就关灯，闭眼就睡着。

四不要是：告诉孩子不要在睡前（吃完晚饭后）喝浓茶、咖啡之类饮料；不要在睡前做剧烈的运动；告诉孩子不要在睡前看过分刺激的电视或动感情的小说和信件；告诉孩子不要在睡前半小时内进行紧张的学习或激烈思考。

二是告诉孩子要重视课间休息。

课间10分钟时间不长，一定要充分利用这段时间休息一下。上课越是积极、紧张地学习，下课越要休息；而且最好到室外休息，尤其是冬天，要到室外去活动一下，呼吸一下新鲜空气，还可以调节一下心情。这有利于更好地上下一节课。

有些孩子，没有重视课间休息，下课后还坐在位子上看书，思考问题，做作业等。不会休息，就不会学习，不仅影响成绩，甚至影响一个人的精神状态。

三是鼓励孩子经常参加文体活动。

参加文艺活动、体育活动，更换学习内容和形式等，称为积极休息。既达到了休息的目的，又可增加能力、美感，使学习生动、活跃、丰富、充满情趣。

四是注意孩子的饮食与营养卫生。

孩子大脑发育和活动都很需要营养，这主要靠一日三餐获得，作为父母，尤其应当努力提供帮助。

值得注意的是有的孩子不太重视吃好早饭，认为“早饭可有可无”、

“不吃也没事”，有的借口“早晨很忙，来不及吃早点”，这些都是错误的。

早上起床，离上顿饭相隔约12个小时了，就已经是“空腹”了，如果不吃早饭，或吃得很少，到上午第三四节课时，人就空腹达十六七个小时了。这时身体和大脑都处于营养缺乏状态，血糖大幅度下降，出现饥饿感。所需要的营养，多是依靠消耗身体里的“肝糖原”和“肌糖原”来获得。在这种营养供应不足的情况下，大脑积极活动就有困难，上课就会出现注意力不集中、懒散、迟滞表现，重了会出现心慌、多汗状况，这种消耗还对孩子身体造成伤害。

所以早饭一定要吃，而且要吃好。不仅要吃主食，还应吃些蛋、奶、肉等食物，以补充脑力劳动需要的蛋白质和脂肪。

2.做好物质准备

上课的物质准备主要是指在课前准备好上课的各种学习用具，如课本、笔记本、钢笔及其他必备文具等。

小华同学在一次物理课上，因为自己的粗心大意而忘记了提前准备一面平面镜，结果老师让做的小实验她都没法做，无法跟上老师的进度，影响了整堂课的学习效果。这次教训让她明白了一个道理——课前一定要做好准备。从那以后她回家的第一件事就是把老师吩咐要准备的东西提前准备好。

可见，课前物质准备的充分与否直接影响课堂学习效率。课堂上，有一些孩子经常会出现这样的问题：上课时才发现自己忘记带铅笔或文具盒，这些东西虽然可以从同学那儿借，但是在向同学借的时候老师却已讲了很多知识，甚至会影响到整堂课的进行，而且，还会影响到那个同学。

再比如，在上一节课的时候语文老师要你在课下查一些有关作者的事例以及了解其生平，但是，由于某种原因你没有完成老师留下的任务，设想一下，如果第二天，那个老师一整堂课都在以那个伟人为中心，那么你的这堂课会听好吗?

所以，家长应该帮孩子养成上学前整理好书包、上课前做好课前物质准备的良好习惯。

3.做好知识准备

课前知识的准备主要是新课涉及到的有关书籍。它是通过预习来实现的，应该说它是决定听课效率高低与否的最主要的因素，是最为重要的课前准备工作。新知识的预习应抓住主要的难点，明确听课重点，这是一种重要准备。孔子曰：“温故而知新。”上课要接受新知识但也要温习旧知识。预习的过程，是一种旧知识的温习过程、准备过程，也是由旧知识向新知识过渡的过程，即温旧纳新的过程。学习某种新知识，要运用哪些旧知识，联系哪些旧知识，哪些要做到重点准备，都要做到心中有数。只有这样，才能在听课中把新知识纳入旧知识体系之中，形成崭新的知识结构。

4.做好心理准备

这是一条多被学生忽视的十分重要的准备。实际上，学习过程是伴随着学生的动机、情感、兴趣、意志、毅力和个性等心理因素参与的活动过程，其参与度与学习效率成正比。学生上课的目的和情绪尤其重要，专家研究认为，学生只有在目的非常明确，心情非常愉快的情况下，才能充分发挥自己的学习潜能，学习效果才能提高。

可能有些孩子在这方面会有体会，有时自己心情不好，上课效果就不理想。有时心情愉快，效果就特别好，听什么都舒服，一听就会。上课前做剧烈运动，比如跑步、吵架等都会对上课有影响。

总之，充分做好课前准备工作，更有利于提高学生听课的效果。

延伸阅读：

课堂十个学习习惯。

1.课前将课本、练习本、文具盒及其他学习材料准备好，静坐看书，等候教师上课。

2.学会正确地使用铅笔或钢笔，掌握正确的书写姿势，注意用笔卫生。

3.课堂上认真接受教师指导，真正做学习的主人，全身心地投入学习。

4.课堂上培养对多门学科的兴趣，尤其是英语、科学、社会等学科。

5.积极踊跃发言，敢于提出自己的不同见解，说话完整，口齿清楚，声音洪亮，仪态端庄。

6.有疑难问题时，及时举手发言。自己独立解决问题，并能阐明自己的观点。

7.虚心听取别人的发言，善于倾听他人的意见和建议，不随便打断别人的谈话，不讥笑别人的错误。

8.善于合作学习，在进行分组实验、动手操作等活动时互相帮助，共同提高。

9.学习各科知识时，注意联系生活实际，多角度地解决问题。

10.学会记课堂笔记，按时完成课堂作业，书写认真、工整。

上课如何集中注意力

上课，是学习的中心环节。一个中学生，每天大部分时间在课堂上度过，各科知识的获取以及智力能力的培养，主要通过上课这一关键环节完成。从学法调查中可知：凡是学习得法、成绩好的学生，都十分重视上课这一环。凡是未学好、成绩差的同学，最主要就差在没有专心上课上。有人说：“注意力是人学习的窗口，如果没有它，知识的光芒就照射不进来。”的确是这样，听课是接受知识的主要途径，如果上课走神，就会跟不上老师的思路，自然就无法理解老师讲授的知识，从而造成知识的疏漏，这不仅会降低听课效率，还会严重影响学习成绩。

张颖是个活泼的孩子，可他在上课的时候，你经常会发现他的眼睛不是黯然无神，就是盯着窗外或者周围其他的同学，要不就是手里不停地摆弄着铅笔、尺子、书包带等物品。若是教室外发生了什么事情，有了什么声音，张颖一定是全班第一个被吸引过去的。上课听讲的效果可想而知，非常不好。

注意力不集中，上课爱走神是很多孩子都存在的问题。孩子为什么会这样？上课时，如果注意力老是不集中，该怎么办呢？要解决这个问题，有必要了解注意力的有关知识。

所谓注意力，是指人的心理活动对一定事物的指向和集中的能力。指向性和集中性是注意力的两个特点。指向性显示出人们在认识事物的过程中，并不是把当时所有刺激物都作为自己认识的对象，而是有选择地将一定的事物作为认识的对象，例如，上课时，学生注意听课，他的心理活动就指向老师的讲述。集中显示出注意不仅有选择地指向一定的对象，而且相当长久地坚持指向这个对象。如专心听课的学生，他的心理活动不是指向当时对他起作用的一切刺激物，而是只指向老师讲的内容，并且长时间地指向这些内容，排除一切局外因素的干扰。我们常说的“注意力不集中”、“上课不注意听讲”，并不是说我们的注意没有指向性、集中性，其实是说，学生听课时的心理活动没有指向当时应该指向的对象，没有集中在当时应该注意的对象上去。

由上可见，容易导致注意力不集中的原因主要有客观和主观两个方面的原因。其中客观原因包括：与学习无关的刺激物的干扰、学习内容单调或遇上困难、学习方法不当、学习环境不好等;主观原因包括：缺乏学习上的兴趣和信心、自身注意力差、身体或情绪不好、不理解学习的内容、自控能力差等。孩子在学习过程中不专心的表现形式有：东张西望，心不在焉，人在曹营心在汉，坐立不安，情绪波动大，对学习产生反抗或淡漠的态度。所以，对于孩子的问题，父母要找到原因，才能对症下药。

那么，究竟有什么好办法能够让孩子集中精力听课呢？我们不妨试试以下几种方法，从而根据孩子的实际情况，灵活运用最适合的方法。

1.保证孩子充足的睡眠

充足的睡眠可以让人们有一个良好的精神状态，所以家长让孩子养成良好的作息规律，这样就可以使孩子有精力去听讲而不是昏昏欲睡。

2.让孩子做好课前预习

孔子曰：“温故而知新”，上课要接受新知识但也要温习旧知识，提前预习功课、下课及时复习，可以提高孩子上课学习的效率和专注度。与小学相比，初中的学习知识点越来越难，孩子学习又慢，很难赶上老师讲课的步伐，若是做好课前课后准备，那么上课就会更加集中注意力。

3.洞察孩子的内心世界，及时梳理不良情绪

晓梦最近和好朋友闹了别扭，上课的时候总是不由自主地想：下课后，要不要主动找朋友说话，该如何说？一会儿又想：为什么朋友不主动找我和好？类似这样的问题纠缠了晓梦两天，问题没解决，连学习都受到了影响。

妈妈看出了晓梦的心思，建议晓梦主动找朋友和解。这样，不但能卸下心理包袱，也会重新把心思放到学习上。晓梦接受了妈妈的建议。第二天，晓梦还没找朋友说，朋友就主动与晓梦和好了。两个孩子如释重负，又找回了从前的轻松与快乐。

孩子在成长的过程中都会遭遇类似的情感障碍，父母要及时帮助孩子排解心中的困惑，让孩子及时走出心理阴影。孩子的心病痊愈了，才有心思学习，才不会出现一边听课、一边走神的状况。

4. 教孩子运用自我暗示法集中注意力

有时孩子在课堂上开小差，这似乎是难以避免的事情。那么，家长不妨教孩子运用自我暗示法，克服注意力涣散的现象。比如，让孩子运用语言方式提醒自己，在心里默念“认真听课”、“别走神”、“少壮不努力，老大徒伤悲”等；也可以让孩子把这些话写在小卡片上，把小卡片放在显眼的位置，如贴在书桌上、放在铅笔盒里、夹在课本里等。只要孩子走神了，就用语言或小卡片的方式提醒自己。久而久之，孩子就会形成一种思维惯性，只要一走神就会马上将其“扼杀在萌芽状态”。

5. 让孩子给父母讲题

在孩子去学校上课之前，家长应该先看看孩子今天将要学习什么内

容，做到心中有数。对孩子说："这个知识我也不会，我想请你今天学会了以后，回来也给我讲一讲，好不好？"这样，这样孩子就有了上课认真听讲的动力源泉，上课的时候，就会特别注意听讲。

孩子回家以后，及时让孩子把老师讲授的知识给自己讲一遍。孩子讲题的时候，一定要把自己的身份定位为是孩子的学生，还要认真回答孩子提出的问题，也可以将知识点的关键地方，向孩子提问，请孩子进行解答。耐心地找到孩子的闪光点，表扬孩子讲得好的地方，适当指出孩子的不足。鼓励孩子长期坚持下去，肯定会提高孩子的学习兴趣。

另外，还可以要求孩子上课积极举手发言，回答问题，只有上课专心听讲的孩子，才能跟着老师的思路走，老师有问题时才能在最短的时间内给出答案。

教孩子学会抓住听课的重点

一堂课45分钟，有的孩子上下来，很有收获，掌握了本节课老师讲解的重点难点，在课下再稍微下些功夫，对知识就基本掌握了；而有的孩子同样是听了一节课，昏昏沉沉地下来，问他这节课讲了什么东西，竟然说不出个子丑寅卯来。这其间的差距就出来了，抓住要领的孩子很轻松地就掌握了知识，不得要领的孩子花了很长时间也无法掌握知识。

吴刚放学一回到家，就打开电视看起来。妈妈正在厨房里准备晚餐，听到电视的声音就出来了，问："吴刚，今天不用做作业吗？"

吴刚乐呵呵地说："中午把上午的作业都做完了，下午上的语文课，没有作业。"

听说上了语文课，妈妈关心地问："今天讲的什么课文？重点要求是什么？"吴刚说："《桃花源记》，重点？没什么重点。"妈妈奇怪了："怎么会没有重点呢？"吴刚说："就是没有重点嘛。老师也就是把课文讲了讲，我也不知道哪是重点。"妈妈听了，没有说话了，心里想着吴刚语文向来不好，上课这么不经心，成绩怎么赶上去呀。

妈妈想起上次和吴刚班主任的谈话，说这孩子总是学习不到点子上。比如语文中他只喜欢把文章当故事看，而那些需要重点学习的文言虚词、重要的文学常识，他却没有花功夫去记住，每次老师提起这些，他就感到迷茫。妈妈觉得这学习没重点是一个严重问题，耗费了很多时间和精力，收获不一定成正比。这可得好好琢磨琢磨，长期下去可不行。

一堂课只有短短的45分钟，其中老师讲课的精华只集中在其中的20分钟的讲课内容中。而常常很少有孩子能够把握每一分钟的时间高效率地听课，就如上例中的吴刚上完课，还不知道语文课的重点是什么。因此，要想让孩子提高学习效率，家长就要教导孩子在听课的时候，千万不要眉毛胡子一把抓，要学会抓住听课的重点。

1.提醒孩子重视每节课的两头

所谓每节课的两头，是指每节课开始的时候和快要结束的时候。每节课开始时，老师总要拿出几分钟的时间，将上节课讲的主要内容提纲挈领再强调一下。有时是老师自己讲，有时是以提问的形式考查学生，然后根据学生的回答情况进行分析，并提出应该注意的问题，这就是重点。这时，会听课的同学就会格外注意，从中找出自己上节课学习中的漏洞，并及时补上。此外，每节课讲完后的几分钟小结也是重点，同学们也应该认真听。因为，老师这时要把本节课的重点画龙点睛地总结出来。

家长一定要让孩子明白，老师讲课的开头和结尾，虽然只有短短几分钟，却凝聚着老师多年教学经验的结晶，十分重要。

2.提醒孩子注意老师讲课中的提示

在讲课过程中，对于重点和难点，老师往往有语言上的提示，比如“这一点很重要”，“这两个概念容易混淆”，“这是个常见的错误”，“以上内容说明需要记、划”等等，这类词句往往就是在提示课文中的重点。注意这些词句，有利于学生迅速抓住学习中的重点和难点，提高学习效率。当你感觉枯燥无聊时，这是重点。

老师对新知识的讲解是重点。在引入新知识后，老师会接着详细讲解新知识的内容及其应用。这一部分是整堂课的中心，要下大气力认真听讲，注意力要高度集中，要了解老师讲解了哪些新的知识点，着重强调了哪几点，如何讲解的，老师又是如何用新知识解决实际问题的，用的什么方法。

老师的提问是重点。老师在讲解新知识及其应用时，会提出一些问题让同学们回答，这时要认真听老师的提问。这些提问都是老师精心准备的，都与本节新知识及其应用有关系，要尽量结合所学的新知识进行回答。

另外，不要平均使用注意力，善于抓住重点、难点和关键处听课。在听课中，保持注意力有张有弛，用脑效率高，比整节课高度注意、过分紧张听课效果反而更佳。

3.提醒孩子注意老师的板书归纳和反复强调的地方

老师反复强调的地方往往是重要的或难于理解的内容。而板书归纳的东西不仅重要，而且具有提纲挈领的作用。要注意在听清讲解、看清板书的基础上思考、记忆，并做好笔记，以便于今后复习。

4.提前帮孩子弄清每课的重点难点

有的孩子可能会说，我不知道这次课的重点难点是什么，家长就要帮助他们搞清楚，使他们心中有数，听起课来，有的放矢，事半功倍，不至于一节课下来不知道干了什么。

让孩子向45分钟要效率

罗大佑写过一首大家耳熟能详的歌曲——《童年》，里面有这样的歌词：

“池塘边的榕树上，知了在声声地叫着夏天；操场边的秋千架上，蝴蝶还停留在上面；黑板上老师的粉笔在唧唧喳喳地响个不停；等待着下课，等待着放学，等待着游戏的童年……”

这首歌非常形象地反映了孩子们听课时的心理，听课的时候，尽管老师再三强调，“我们要向45分钟要效率”，但孩子们的小脑瓜中并没有老师讲课的内容，而是知了、蝴蝶和对下课的企盼。

许多孩子上课时还神游万里，听课效率一点儿都不高，这必然会影响学习。由于对上课内容的不理解，就势必形成对学习了无趣味的感觉，并渐渐地陷入越来越深的厌学泥潭。即使课下再加班或请家教，效果也不会太好，而且牺牲了休息娱乐的时间，得不偿失。所以家长一定要帮助孩子学会有效地听课。

申静是一名初二的学生。对于她来讲，她最大的学习体会就是抓紧课堂上的45分钟了。她说，事实上，她并没有什么特殊的学习方法，只是向课堂45分钟要效率。自己的学习诀窍是把工夫花在课堂上，上课认真听讲会事半功倍。

申静不仅学习成绩好，还是班干部，组织能力很强。她不像一些同学那样每天埋头苦读，但她一旦学习起来专心致志，效率很高。申静认为，上课时间是最宝贵的，自己自学起来毕竟不如老师引路轻松。上课认真听讲，把该掌握的知识掌握了，下课后做题才会快。如果能养成会听课的好习惯，学业也就成功完成了一半。

听课是获取各科知识的中心环节，对孩子的学习起着举足轻重的作用。而且，听课具有不可重复性，如果孩子上课不认真听讲，那么无论下课花多长时间补习，都没有认真听老师讲课的效果好。因此，家长要教育孩子要抓紧45分钟的课堂时间，向45分钟要效益。

一般来说，课堂的45分钟可分为五个阶段。

第一阶段：起始阶段。这个阶段是指上课的前5分钟，这一段时间就像是乐章的序曲，大脑开始兴奋。这段时间主要是好好调整情绪，让孩子的精力完全转移到课堂上来。

第二阶段：兴奋阶段。这是指6～20分钟内的时间段，这个时间段大脑已经开始兴奋了。这是非常宝贵的时间，老师的知识差不多都在这个时间内讲解。所以，这个时间段，一定要集中精力好好抓住。

第三阶段：调试阶段。上课后21～25分钟。这时，课程已经进行了一半，孩子的情绪开始进入一个疲劳的低谷。其实这是非常正常的心理现象。犹如我们平时百米赛跑一样，只要坚持下来，很快就转为兴奋起始阶段和兴奋阶段了。如果抑制不好，那只能从这里开始就听不进老师的讲课了。所以，对于这个阶段的把握是至关重要的。

第四阶段：回归阶段。26～40分钟。这15分钟是又一个黄金阶段。应该聚精会神，一丝不苟。

第五阶段：疲劳阶段。41～45分钟。这是整堂课的最后五分钟，此时，孩子们的心理都相对比较疲劳了。一般情况下，老师会在这时候加重音量，加强情绪。孩子们要提醒自已，坚持到底。

如果父母能够帮助上孩子把握课堂的45分钟的五个阶段，根据这五个阶段的特点听课，孩子们一定能取得较高的听课效率。

以下是给家长的一些建议，可以用来指导孩子如何听课。

1.告诉孩子养成良好的预习习惯

听课的时候，每一个人都是课堂活动的参与者，而不是旁观者。听课前要有充分准备，对老师要讲的课程内容有所了解，大体知道老师要讲的知识点有哪些。知道要听的课重点在哪里，难点是什么。这样，在听课的过程中就能做到有的放矢，带着问题去听。只有有“备”而听，并尽可能参与到课堂活动中，才能获取好的效果，从而为自已如何上好一堂课做好充分的准备。

2.告诉孩子听课要开动脑筋、积极思考

课堂听课时一定要开动脑筋，要积极进行思维。不能只是跟在老师后面，死记老师讲的公式和结论。要弄清楚“是什么”，更要弄懂“为什么”，要知其然还要知其所以然。如果孩子经常这样做，他们的认识能力就会提高，学到的知识也会更加巩固。老师讲解例题时，给出题目后就要积极思维，老师讲解时，要边听边想，还要争取超前想，即想什么时候会遇到这样的情况？老师讲的某个问题虽经过思考当时还是没有弄清，不妨在笔记本上做一个记号，继续沿着老师的思路听下去，问题待课后再去解决，千万不要扭住不放影响后面的听课。

3.告诉孩子听课以理解为主

听课的关键在于对老师讲授内容的理解，要眼、耳、手、脑各种感官齐配合去促进对所学内容的理解。眼要盯着老师的板书和老师讲课时的表情动作；耳要听清楚老师讲课的内容，要听得准确，听出重点，听出弦外之音，听出老师讲课的意图；手要有选择地记，要记重点、难点和疑问；脑筋要开动，积极思考，抓住老师讲课的思路。听课要以理解为主，要在理解的前提下去记忆所学的知识。那种未经思考和理解，死记硬背的知识是不长久的。

4.告诉孩子听课要积极主动，步步为营

在听课中一定要克服消极等待的听课方式，要积极主动地学习老师讲授的知识，跟住老师的思路，大胆回答老师提出的问题，不要怕暴露错误。暴露问题是好事，在老师的指导下及时解决问题就是收获。所以要步步为营，当堂的问题当堂解决，段段听段段清，不要欠账。

5.告诉孩子做好课堂笔记

有些学生的眼光尽管时刻盯着老师，但是脑子却想着其他问题。这种情况可以通过做好笔记来解决。通过记笔记，可以强制自己跟踪老师的思想，加强自己的自制能力，将注意力从别处集中到老师所讲的内容上来。

如何记笔记才最有效

俗话说得好："好记性不如烂笔头。"此话一语道出了做笔记的重要性。课堂上只有45分钟，而老师要讲的内容又那么多，要想全都记住，除了用脑子以外，还需要准备一个笔记本，记下老师讲的提纲以及重点内容，这样可以方便日后复习。事实上，如今做好课堂笔记已经成为了一种学习的有效方法。

亮亮12岁了，上初中一年级，他是个比较马虎、粗心的孩子。

一天晚上，亮亮拿出作业本开始写作业。过了一会儿，妈妈静静地走到他旁边，看到亮亮正在咬着笔杆发呆。妈妈问："孩子，是不是遇到难题了？"亮亮回答说："是啊，妈妈，这道题课本上没有具体的讲解，我不会做了。"妈妈看了一下，问他："老师课堂上是怎么讲的呢？"亮亮说："我忘记了。""那你记的笔记呢？"亮亮说："这个问题没有记下来。"妈妈继续问："怎么回事啊？"看着妈妈严厉的目光，亮亮支支吾吾地回答："我上课时开小差了。"

生活中有不少像亮亮一样的孩子，有些内容在课堂上已经十分清晰地讲过了，有的甚至讲了许多遍，可过不了多久，孩子就想不起来了，在作业中错误百出。于是父母就埋怨孩子笨，埋怨孩子上课不认真听讲。其实，是因为孩子没有做笔记。

对孩子来说，记课堂笔记伴随着学习的整个过程。它可以帮助孩子理清听课的思路、抓住听课的重点，并且为日后复习提供方便，更重要的是它能使孩子在学习时高度集中注意力，深入理解教师所讲的内容，从而提高学习效率。

美国心理学家巴纳特曾以大学生为对象，做过一个实验，就是研究记课堂笔记与不记课堂笔记对听课学习的影响。实验是这样的：研究人员以每分钟120个词的中等速度，给大学生们读一篇有1800个词的介绍美国公路发展史的文章。

研究人员将大学生分成三组，每组以不同的方式进行学习。甲组为做摘要组，就是要求他们一边听课，一边记下要点；乙组为看摘要组，要求他们在听课的同时，能看到已列好的要点，但自己不用动手去写；丙组为无摘要组，他们只是单纯听讲，既不动手写，也不去看有关的要点。

这样学习之后，再对所有的学生进行回忆测验，检查其对文章的记忆程度。实验结果表明：在听课的同时，自己动手记下要点的同学成绩最好；在听课的同时看摘要，但自己不动手记的同学成绩次之；而单纯只是听讲，不做笔记，也看不到摘要的同学成绩最差。

可见，做笔记是一种十分有效的学习方法和记忆方法，养成记笔记的习惯对孩子的学习益处良多。

首先，上课记笔记有助于集中注意力，专心听讲。要想做好课堂笔记，思维就得跟着老师讲课走。老师导向哪里，讲解哪里，学生就应该想到哪里，听到哪里。开小差是不行的，不然会漏掉要记的内容。

其次，上课记笔记有助于培养孩子动脑动手的能力。要能及时做下笔记，不仅要求听得懂，而且要求记得快。要能听得懂，就要积极动脑思考问题，快速理解；要能记得快，一方面字词书写要熟练，另一方面书写速度不能慢。

第三，上课记笔记有助于增强鉴别力与思维的敏捷性。做课堂笔记也要经过一番筛选。教材中哪一处是重要点，哪一处是次要点，老师哪些讲得详细，哪些讲得简略，学生要能在听课过程中作出自己的判断，要能对老师的分析、点拨作出敏捷的思维反应，经过及时的鉴别、筛选，准确地

将老师着重的表述与总结的要点记下来。

第四，上课记笔记有助于课后复习，起到消化巩固的效果。

那么，孩子们应该如何记笔记呢？其实记笔记十分简单，只要告诉孩子，按照一定的要求做就行了。

1.培养孩子随手记录的习惯

妮妮的妈妈是一个能干的女性。对于烦琐的家庭事务，妈妈总是能游刃有余地处理。原来，妈妈有一个随身的本子当“助手”。每天晚上，妈妈都把第二天要做的事情一项一项地写在本子上。第二天，完成一样就及时划掉一样，并检查还有那些没有完成，或者记录变动情况。妈妈也给妮妮准备了一个小本，培养妮妮随时记录的习惯。在妈妈的培养下，妮妮无论在家，还是在学校，做事、学习从来不会丢三落四。

生活中，父母如果能够有意识地培养孩子“心有疑，随札记”的好习惯，孩子就可以从这个小小的记录中感受到有条理、有规律的生活。这样，他就会很容易地把这个习惯应用到课堂学习中。

2.教孩子做课堂笔记的具体方法

有的孩子面对记笔记不知从何下手，因此，父母要教给孩子做课堂笔记的方法。

（1）在课本上记笔记可以选择如下方法。第一，符号笔记。就是在书上做记号，标明重点，提出疑问，引起注意。同学们可以选择一些自己熟悉的符号，如用“……”或“！”表示重点词句，用“？”表示疑问等。当然也可以用不同颜色的笔来标记不同的内容，如用红色标记重点，用黑色表示疑问。做符号笔记，符号种类不易太多，最好在做笔记前读懂整个内容，对难点、重点有一定把握，这样才能做得准确。第二，批语笔记。就是将某部分的要点、疑问或补充记在书的空白处。如对数学定义、定理、公式的理解，对某些题目解法的概括等。做批语笔记要参照老师的板书或讲解来做，应有选择并要简明扼要、书写清楚。

（2）在笔记本上记笔记的方法。首先各科笔记本要分开。有的孩子做笔记非常随意，今天用这个本，明天用那个本；今天记书上，明天记本上，甚至一本笔记本上语文、数学、英语等各种科目应有尽有，最后笔记记得乱七八糟，到复习时东翻西找，影响到了学习效率。其次，课堂笔记用的纸张，每页上下左右都要留出一定的空白来，不要把一页纸写得满满的。建议把笔记的一页最好用一条竖线格式分为两部分。其中左面占三分之一，右面占三分之二。较大的栏内记老师讲的内容，较小的栏内记自己的想法、问题等。两栏内容之间要有对应，即老师讲的和自己想的针对相同章节的内容应在相同的行上，这样便于对照复习。

3.提醒孩子课后要整理笔记

由于课堂上时间比较紧迫，老师所讲的一些内容当时可能漏记，书写也许会很潦草，所以记笔记时，不要把笔记本记满，要留有余地，以便下课后，要及时对笔记进行整理、归纳、补充。这样既可以提高听课效率，又能使笔记干净整洁、有条理，还是一种很好的课后复习方式，使复习更有针对性，从而收到事半功倍的效果。

4.告诫孩子要杜绝懒惰

有的孩子比较懒惰，自己在课堂上不愿意动手记笔记，下课之后去抄别人的笔记。父母可以对孩子讲，抄别人的笔记不利于锻炼自己的归纳、总结、整理能力，只有自己亲手在课堂上认真地记笔记，才能更好地理解、消化所学的知识。

学会质疑，大胆提问

著名哲学家培根曾经说过：“如果一个人从肯定开始，必以疑问告终；如果他准备从疑问开始，则会以肯定结束。”质疑是学习的开始，如果一个人没有疑问，那还要学什么呢？质疑是孩子思考的标志，也是孩子进行主动、自觉学习的前提。

孩子在预习、上课、复习的过程中就是不断地提出问题，然后从老师、书本或者他人那里获取知识来解决自己的疑问，而这个解决疑问的过程就是学习的过程。因此，没有疑问就不可能有真正的学习。

13岁的倩倩今年上7年级了，她是个乖巧的好孩子。

一天晚上，倩倩拿出作业本做家庭作业。妈妈看到倩倩认真地在本子上不停地写，欣慰地笑了。妈妈拿来一杯牛奶，放到桌子上，对倩倩说：“等会儿把牛奶喝了。”倩倩懂事地说：“谢谢妈妈。”妈妈抚摸了一下倩倩的头，目光落到倩倩的作业本上，看到倩倩把“东施效颦”写成了“东施放颦”，于是，妈妈指正道：“倩倩，这个成语应该是‘东施效颦’，而你写的却是‘东施放颦’。”倩倩不假思索地说：“这些成语是老师写在黑板上，让我们抄下来背诵的。老师写的应该不会错。”妈妈说：“我认为这是不对的，我们查查字典吧。”倩倩从书架上把字典拿下来，查看到果然是“东施效颦”，倩倩有些不可理解：“老师也有错的时候吗？”妈妈告诉她：“老师可能因为一时粗心写错了，孩子，人无完人，所有人都有犯错误的时候，不能过于迷信老师。”倩倩听后点了点头。

俗话说：问是学之师、知之母。这句话深刻地说明了提问在学习中的重要性。在我国，提问这个习惯并没有受到广泛的认可和关注。孩子的问题太多，父母就会埋怨孩子太懒，不肯自己思考。久而久之，孩子便不愿意对知识产生疑问，而更愿意被动地接受知识了。这种现象即使在我国最优秀的高等学府也不例外，因为大家都不敢轻易发问，唯恐被别人认为无知。其实，最大的无知便是无问。

爱因斯坦曾指出：“解决问题，也许仅是技能而已，而提出新的问题，新的可能性，从新的角度去看旧的问题，却需要创造性的想象力，而且标志着科学的真正进步。”不懂就要问，这个浅显易懂的道理几乎每个人都懂，可是很多人却不那样做。现实生活中，不懂装懂的人很常见，不少孩子也变得不爱问“为什么”。身为父母，有理由让孩子意识到提问的重要性。特别是在课堂学习中，多问几个“为什么”是一种智慧的学习方法。

1.让孩子认识到质疑的重要性

家长可以通过爱迪生“我能孵出小鸡来吗”、牛顿“苹果为什么往地上掉”等具体事例，教育孩子学习科学家善于思索探究的思维品质，使孩子懂得“疑而能问，已知知识大半”、“思维自疑问和惊奇开始”的道理。还要告诉孩子，课堂提问不是老师的专利或某些学生的专利，每个人都可以提问，也只有在大家相互质疑的过程中，自己的思维才能得到发展。家长还可以将陶行知老前辈的小诗赠给学生，以鼓励孩子主动质疑：“发明千千万，起点是一问，禽兽不如人，只在不会问。智者问得巧，愚者问得笨。人力胜天工，只在每事问。”

2.鼓励孩子勇于挑战权威

老师在孩子的心目中往往是“万能”的，孩子们普遍认为“老师肯定什么都懂，什么都会，什么都正确”，孩子的年龄越小，这种心理倾向越严重。对此，父母必须要让孩子认识到，任何老师、学者都不可能穷尽真理之长河，任何人都有发现和创造的可能性。因此，父母要鼓励孩子具备一定的勇气，破除对老师、书本等“权威”的迷信，使孩子树立“班门弄斧”、“异想天开”的思想，以及敢于质疑、批判的精神。比如，父母可以鼓励孩子在课堂上展示自我，对于一些疑难问题，老师提出一种观点时，自己也可以补充或提出不同的观点。

3.鼓励孩子提出问题

维森有两个儿子、两个女儿。他和妻子非常注重培养孩子的提问精神，他们让孩子在解答问题中学习知识。

孩子小的时候，维森就用比赛的方式培养孩子的提问能力。他告诉孩子，每天上学都必须向老师提问，而且还要在课堂上积极回答老师提出的问题。然后用笔把这些问题记下来，一周进行一次比赛，看谁提出的问题和回答的问题最多，谁就会受到奖励。

在这种竞赛的氛围中，孩子们的提问积极性被激发出来，他们也乐于回答老师的问题。维森的孩子们的成绩在同龄孩子中比较突出，而且一些科技类、自然类的知识比同龄孩子丰富得多。

维森和妻子曾为孩子提供过像《十万个为什么》一类的书，孩子们看后非常喜欢，当他们不明白书中的解释时，就会去问父母。四个孩子轮番提问，维森夫妻二人从来没有觉得烦。

当然，有时候孩子们提的问题也让维森和妻子为难，当他们回答不出来时，就会鼓励孩子去学校问老师。孩子在不断寻找问题的答案中增长了知识，开放了思维，提高了解决问题的能力。

提问是孩子求知欲的表现形式，也是孩子积极思维的外在体现。爱提问，说明孩子能够主动思考、积极探究，并且勇于展现自我。在生活中，父母一定要鼓励孩子多提问、善于提问，培养孩子爱提问的好习惯。特别是在辅导孩子学习时，父母应该在孩子力所能及的范围内让孩子多说、多问、多思考，让孩子自己“跳起来摘果子”。

孩子提出了问题之后，父母不仅要认真地给予回答，还要适当地启发提问，这样孩子提出问题的欲望就会不断增强。除此以外，孩子每提出一个问题，父母则应该不失时机地对孩子进行一番表扬，夸奖他肯动脑筋，这样一方面能满足孩子的求知欲，另一方面也更能激发出孩子的怀疑精神，不会人云亦云。这样，随着孩子提的问题越来越多，他的思考就会越来越全面。通过父母的精心培养，孩子会一直保持着爱提问的好习惯，最终增长知识，扩大视野。

4.鼓励孩子独立解决问题

质疑的目的是为了解决问题，质疑必须解疑。孩子在开始学习质疑时，提的问题比较简单、浅显。在保护孩子积极性的同时，要帮助孩子进行分类，看看哪些问题能够通过认真思考、查阅资料或请教别人就能解决。

袁莉是个初中二年级的女孩，她的学习成绩一直很好。袁莉的父母经常告诉她，带着问题去学习，才是真正的求知。同时，妈妈还告诉她一些分析和解决问题的技巧，鼓励她在遇到问题时要不怕麻烦勇敢地提出来，而且努力依靠自己的能力和知识经验进行解答。

袁莉小时候很喜欢向父母提问，问题也五花八门，但慢慢地她的问题少了。她说其实自己的问题并没有少，只是随着知识的增加，有些问题她会自己去寻找答案了。尽管如此，袁莉依旧是班里最能提问的学生，她的成绩也总是名列前茅。

培养孩子提问的能力，其归根到底是为了让孩子学会学习和思考。因此，父母应该指导孩子掌握一些分析和解决问题的技巧，当孩子遇到难题时鼓励他们运用这些技巧自己去寻找答案。

鼓励孩子在课堂上主动回答问题

下面是山东日照市四中的卢波写的一篇文章：

还记得，从小学开始，我就善于在课堂上与老师配合。对老师提出的问题，我总会争先恐后地举起我的小手，等待老师的目光射向我。不知是老师的偏爱，还是别的什么原因，时间长了，老师每次提问都在提醒我该回答问题了。为此，同学们对我是又羡慕又嫉妒，而我却常常沾沾自喜。就这样，我在小学成绩一直都很好。后来，我以优异成绩升入了重点中学。

上了初中以后，我尝到了小学积极回答问题的甜头，当然也不会丢弃自己的那套看家本领。更让我欣喜的是，我又找到了两个知己，有了他们两个我更加兴奋了，课堂上，我们总是抢先举手，争着回答问题，课堂气氛更加活跃了。不知不觉，要期中考试了，我们三个带着十分的自信进入考场……结果很快出来了，我第一，第二、第三当然也就是他们两个了。这也是我们预料之中的。我慢慢总结出：积极回答老师提出的问题，不仅能集中听课的注意力，提高口头表达能力，还能使思维更加活跃。就这样，我们持续了三年，终于迎来了第一次决定命运的中考。我们如同往常一样，充满了必胜的信心。可揭榜的那一天，我愣了，我仅考入了一所普通高中，而他们两个都考入了市重点高中。

开学的那一天，我很不情愿地跨进了校门，我为这所“不称心”的学校而心灰意冷。就在那时，我的那两个知己来了，我们敞开心扉，谈了好多好多，可惟有那一句“只要拿出我们初中的精神，我们的老招，不论在哪里，都一样学得很好”给我留下了深刻的印象。我仔细一想，脸上终于又出现了笑容，好像我又回到了从前。

可是，在新的学习环境中，正当我像从前一样举手回答问题的时候，我看到了同学们向我投来的目光，我看出那里面充满了惊奇和嘲讽。我怕了，我低下了头。我只觉得我那只手变得老沉老沉，让我无力举起它。

这样过了一段时间，我的成绩下降了，而且下降的幅度很大。又过了几天，老师找我谈话了。我如从睡梦中醒来一样，把这些日子积攒的苦闷，一股脑儿全倾诉给了老师。老师听了之后，笑着对我说：“现在，为了学习，为了班级，你要起带头作用，带动同学们一起积极回答问题，就像你从前一样。我支持你。”就在这一刻，我的心情真的无法形容，我暗暗下定决心：我将迎着同学们的目光，勇敢地回答问题，再也不用胆怯。

上课发言，不仅可以培养孩子积极向上的学习习惯，还有利于教师了解孩子掌握知识的程度。遗憾的是，现实生活中，许多孩子上课不爱发言，经过我的调查发现，不擅长发言的孩子一般有三大类：一是孩子胆小，不敢发言；二是孩子性格内向，不喜欢发言；三是孩子缺少方法，不知道怎样发言。针对孩子的实际情况，家长要有针对性地帮助孩子，让孩子踊跃发言。

那天周女士收到了女儿班主任发来的一条短信：孩子能按时完成作业，字迹工整，听课认真，不足之处是课堂上发言不积极。上课要开动脑筋，举手发言，珍惜每一次锻炼的机会。

这是周女士第二次收到类似的短信了。

周女士说，她女儿一直以来表现欲就不是很强，开学时周女士就提醒女儿上课发言要积极，可是女儿总是不屑地说："为什么要积极发言呢？只要我知道答案就行了，没必要站起来告诉老师啊！"

周女士明白，女儿的成绩不错，她不愿意主动回答问题是因为她没有意识到主动回答问题的好处，没有认识到这一细节对她学习的帮助。于是她认真地告诉女儿课堂上多举手回答问题这一细节对学习的好处……

课堂上的回答问题，其实是一种检验，考察学生的临场发挥能力、思维的缜密程度，以及面对问题是否有足够的勇气和自信。这些品质对于提高听课效果及考试都是至关重要的，培养它们的主要途径正是在课堂上积极回答问题。

以下是给家长的一些意见：

1.鼓励孩子在家里回答问题

很多在课堂上不爱回答问题的孩子，在家里也较为沉默，不喜欢说话。对此，父母应该鼓励他们多开口，无论孩子说的好与坏、对与错，都应该让他把心里话说完，并给予表扬，然后再帮助孩子正确地分析他的想法。在家里，父母可以经常和孩子共同学习，多提一些问题，鼓励孩子回答。当孩子在家里养成了回答问题的习惯，到了课堂上也就容易举手发言了。

2.告诉孩子回答问题的好处

父母可以给孩子讲，多回答问题会提高学习的效率，会锻炼你的思考能力，这是十分难得的机会。学生那么多，老师不一定会叫到你，因此这值得你努力去争取。只要举手，就说明你在认真思考，专心听课了，你的期末考试或许就会因此而增加分数。如果孩子担心答错了会被笑话，父母可以告诉孩子："答错了能让你记得更牢。"即使课堂上同学笑你，你掌握了知识，取得更好的成绩，最后还会有人笑你吗?

3.在课前让孩子把知识预习好

很多孩子之所以不敢在课堂上发言是因为他们没有把知识预习准备好，在心理上没有底气，生怕自己会犯错误，被老师和同学笑话。如果准备充分了，让知识了然于胸，自然就大胆一些了。

第四章　合理安排放学后的学习

认真独立地完成作业

家庭作业是课堂学习的延伸，也是对所学的重点知识的巩固。孩子做好家庭作业，既是良好的学习习惯，也是搞好复习、理顺知识的最佳手段。然而，当今孩子厌学，不喜欢学习，不喜欢看书，不喜欢作业，非常普遍。孩子的作业一般都要在家长的再三催促下进行，能够开心而又独立地完成作业者极少，尤其是小学生。

写作业是对课上教学的有效延伸，是课堂学习的巩固和深化，是学生课外学习的重要手段。对7～8年级的孩子来说，通过作业，可以及时巩固所学的知识，了解自己的学习情况，作业中遇到不懂的地方，可以及时请教老师，从而纠正错误，改进学习方法。所以，家长应该引导和鼓励孩子独立完成作业，这样可以锻炼他们多方面的学习品质。

古人云：授人以鱼不若授人以渔。父母们与其天天看着孩子写作业，力求一时的完美，还不如放手让孩子自己去做，让孩子尝尝失误的滋味。然后，再给孩子指出错误所在、原因所在，教给他解决的方法。

1.培养孩子良好的学习习惯

好的习惯对于一个人的做事成败有着关键的影响作用，因此，想要孩子学习更加优秀，学习更加自觉，那么就要培养孩子良好的学习习惯，包括锻炼孩子自己思考问题和检查作业的好习惯，培养孩子自觉主动完成学习任务的好习惯。

2.培养孩子的学习兴趣

热爱学习才是独立完成作业的内心动力，当孩子在学习上克服困难，获得成功，这种内心的满足和快乐是刺激他不断学习的根本动力。所以家长不要一味斥责孩子，而是要鼓励他，相信他，当孩子在学习上获得成功后要和他一起分享快乐。当孩子在学习中获得了快乐，学习就是他喜欢的事了。干自己喜欢的事，是不是很轻松愉快呢？

3.不要直接告诉孩子答案

有些父母在孩子做作业时，一旦发觉孩子的作业有些差错或不会做时，就马上指出来给孩子讲解。殊不知，这样做容易妨碍孩子独立思维能力的发展。当孩子提问时，你应该说："你说呢"、"你想想看"、"再想想看"。如此一步步引导，而不要急于告诉现成答案。即使孩子经过思考后的回答不正确，不符合事实，那也要以赞赏的眼光、鼓励的语言去欣赏孩子的思考之果。只有这样，孩子的思维才会活跃，才能享受到思考带来的乐趣，才能更好垢独立地完成作业。

4.逐步培养孩子独立做作业的能力

如果你一直陪伴孩子完成作业，不要期望有一种方法能马上让孩子具备了独立完成作业的能力。在树立了孩子独立完成作业的意识和进行了有效的训练后，你可以在全陪的情况下，逐渐减少陪伴时间。这个过程有点像脱敏的过程。例如，孩子做作业的时间为一个小时：你在一个月之内，就陪孩子一个小时，下个月就陪他半个小时，第三个月降到开始让他独立地做作业。这样慢慢放手，逐渐锻炼。如果你抱着孩子不能放松，一放松成绩就会下降的心态，那你就只能死看死守了。

5.让孩子学会劳逸结合

孩子在学校学了一天的知识，回到家后，可以适当休息一下，然后再写作业。比如，让他玩一会儿或者看一看有意义的动画片。而且，孩子每次写作业的时间不宜过长，因为大脑长时间高速运转，很容易出现思考问题缓慢、学习效率下降等问题。中学生写作业的时间一般应控制在一个小时内。超过这个时间，父母可以让他休息一下，然后再写。

6.让孩子先做擅长的功课

很多孩子一提到写作业就“头疼”，实际上，真正令他们“头疼”的是不擅长的功课，就像人们常说：“我一想起某某事情就头疼，都没心情做其他事情了。”两者道理是一样的，所以，父母应当鼓励孩子先做好擅长的功课，这样不仅节约时间，还能建立起孩子的自信，能够令他们更好地完成其他功课。

7.家长应言传身教

让孩子养成做作业的习惯，父母应该从自身做起。比起让孩子做作业，父母帮助孩子建立良好的学习态度则更加重要。当孩子不讨厌学习，自然也不会讨厌做作业了。父母不妨反思一下自己是否起到了一个好榜样的作用，或许家长可以在家里尝试设立一个“家庭时间”，在这个“家庭时间”内，谁都在书桌前做自己的事情，不能去看电视或者玩电脑、手机。孩子在耳濡目染之下，也较容易养成自觉做作业的习惯。

复习是每天必不可少的学习任务

复习是学习当中非常重要的一个环节，让孩子学会复习功课，不仅可以让孩子学过的知识得到巩固、加深和充实，还可以使孩子对知识有更加条理和系统的理解。孔子曾经说过，“温故而知新”，也就是说，让孩子复习一下学过的知识，除了能够让孩子对知识有更加深入的理解，让孩子提高运用知识的技巧之外，还可以让孩子从中得到新的理解和心得。这样一来，就可以让孩子把学到的知识和内容融会贯通。

李彤是一名优秀的学生，非常重视课后复习。每一节新课下来，她绝不先做作业，而是先回忆一遍老师所讲的内容，看看自己记住了哪些、理解了哪些、掌握了哪些。然后打开书和笔记，针对性地学一遍，直到把问题都搞懂了，把书上的东西都变成自己的知识，才合上课本和笔记，认真做作业，做完以后，再打开课本与笔记对照检查。因此她作业成绩平时一直十分好。每天晚上，李彤都要把当天所学新知识系统复习一遍，每天早上早读时，她又总是先用10分钟时间重点复习头一天的内容。这已成为她学习的自然习惯，就像每天必须吃三餐饭一样。所以，每当面临考试时，她一点不急，因为所学的知识都在她脑子里。

关于复习的重要性，孔子曾说过：“学而时习之，不亦悦乎”，“温故而知新，可以为师矣”。德国哲学家狄慈根则指出：“重复是学习的母亲。”事实也证明，每天课后，用半个小时进行复习，效果要胜过做两个小时的习题。写作业是为了检查自己对知识掌握的程度，但如果缺少了复习这个环节，对知识的掌握必然会大打折扣，作业中的错题会更多，孩子的自信心也会下降。

从现代教育心理学的角度而言，复习的作用主要有四点：一是使获得的知识系统化；二是有利于对知识的进一步领会、巩固与应用；三是弥补知识上的一些缺陷。四是使基本技能进一步熟练。因此，父母应重视孩子的复习习惯和复习方法的培养与指导。

程慧在学习上很轻松，课间就好好地休息，中午通常都午休，吃完晚饭通常也不是立刻捧起课本，而是先适当休息十几分钟。她晚上从来不熬夜，每天早睡早起，而且早上也不像别的同学那样，只知道捧着书苦读，而是天天坚持出去跑步。

她的学习计划，完全是自己制订的，执行过程中完全不需要父母监督，完全靠自觉。每天放学前的晚自习，她不是像别的同学那样先写作业，而是先把当天的学习笔记过一遍，看看有没有什么不理解的地方，有问题就向同学请教。放学的时候，别的同学已经写完一半作业了，而她虽然写的没有别人多，却已经把当天学到的知识消化吸收了一遍。因为基本都理解了，写作业的时候就更快，通常能在两个小时以内写完，最后再把当天的课程复习一遍。

正是因为学得比较扎实，因此老师讲新课的时候她理解吸收得更容易，课堂上也常常举手回答问题。期末考试的时候，她得了全班第一。老师让她介绍经验，她说："很多同学都学得比我辛苦，花的时间比我多，但效果不一定是最好的。无论作业再多，我每天都坚持要把当天学到的知识复习两遍，尽量把自己的漏洞补上，这个习惯从来没有间断过。结果越往后学，就觉得越轻松。"

程慧的学习方法可以用一句话概括，就是每天保证复习的时间来巩固自己学到的知识。在十分紧张的学习生活中，这确实是一种简便易行的办法，只要能坚持下来，会学得越来越轻松。

德国著名心理学家艾宾浩斯研究发现，遗忘在学习之后立即开始，而且遗忘的进程呈现先快后慢的速度。具体来说，学得的知识在20分钟后能记住58.2%，在1小时后能记住44.2%，8～9小时之后能记住35.8%，1天后能记住33.7%，2天后能记住27.8%，8天后能记住25.4%，1个月后能记住21.1%。可见，人们对所学知识的理解和掌握都不是一次就能完成的，需要多次复习才能牢记这个知识点。

复习是对前面已学过的由新变旧的知识进行巩固，进行系统再加工，并根据学习情况，进行适当调整。这个复习的过程，不仅仅让人只是被动而简单地巩固记忆，还能从再学习中，经二次，甚至三次、多次的反复学习，获得第一次、第二次即前面的复习中未曾学到或者未理解、理解不深的新知识。这便是“温故而知新”。温，就是复习，故，就是已经学过的。温习旧的而获得新的知识。一些记性好的同学，就是因为能常常从不同的角度、不同的层次上进行复习，做到“每天有复习，每周有小结，每章有总结”，从而形成了惊人的记忆力。所以，许多学生对所学知识记不住，并不是脑子笨，而是不善于复习，或复习功夫不深。

复习是整个学习过程中十分重要的环节，是学生对以前所学知识进行查漏补缺的过程，是对知识的再次梳理和系统化，是提高学习效率不可缺少的过程，它直接关系到学习的质量，所以父母一定要重视检查孩子复习的情况，帮助他复习好功课。

1.教给孩子课后复习的方法

课后，不要让孩子急于做作业，要先对当天所学的知识进行复习，将当天学过的知识浏览一遍，对重点笔记读一读、记一记，理顺所学的知识点，然后再动笔做作业，这样不至于孩子一遇到困难，又回过头来翻书、查笔记。也可以让孩子采取“过电影”的方式，在头脑中搜索一下课堂上老师讲解的知识，努力将所学知识回忆出来。若实在回忆不上来，再翻开课本或笔记阅读对照。让孩子知道，课后复习越及时，遗忘越少。时间过长再复习等于重新学习，会花费更多的时间。除此之外，父母最好能够参与孩子复习的全过程，比如，和孩子一起思考数学题，交流彼此的解题思路。只有这样，才能了解孩子是否有知识漏洞。

2.让孩子合理地安排自己复习的时间

一般来说，复习的时间过分集中，容易互相干扰；时间过于分散，又容易发生遗忘。时间的分配要适中。对于需要机械识记的内容，分散练习比集中练习要好；学习复杂、需要思考的内容，则应该比较集中地来学习。对内容难，在缺乏兴趣和容易疲劳的情况下，还是分散复习为好。

所以对于复习的时间，父母应该让孩子合理的安排，一定要做到侧重重点和难点问题，还要兼顾到其他的问题。同时，还可以让孩子把文科和理科交叉着复习，这样，就可以让孩子做到有张有弛，提高复习的效果。

3.及时提醒和激励孩子

当发现孩子没有及时复习时，就应该注意提醒他（她）：复习了吗？复习时集中注意力，养成良好学习习惯，是节省学习时间和提高学习效率的最为基本的方法。学习过程中应当注意力高度集中，对周围其他事情可以视而不见、充耳不闻。高度注意使人的心理能量能够集中地投入于正在进行的思维活动，使思维在特定的问题上处于最佳激活状态，从而使人脑能够高效地进行信息加工和解决问题。

4.让孩子注重多感官复习

复习是对所学内容进行再一次的梳理，这时候，如果只是机械地阅读或是背诵往往会让孩子觉得乏味，也容易让孩子产生心理上的疲劳，也达到不复习的效果。为了让孩子可以更好的复习，父母可以指导孩子运用多感官进行复习，采用看、听、记、背、说、写等多种形式复习整理知识。这样不但可以促进孩子复习的效果，而且可以让孩子在复习中得到乐趣，促进孩子的学习兴趣。

5.及时检查孩子的复习效果

父母在帮孩子复习时，一定不要给孩子压力感，否则，压力太大会影响他的复习效果。父母最好是让孩子在不知不觉中复习所学的内容，比如，在一起散步或者晚饭后聊天等一些轻松的时刻，父母偶尔出几道题目考考他。如果孩子表现得好，父母要及时表扬；如果不好，也要鼓励他再接再厉。

延伸阅读：

课后复习应把握的6大环节。

1.上好复习课。认真参与复习课，开动脑筋和老师一起回忆所学过的知识，进行有针对性的练习。

2.积极思考，大胆提问。如果对某个知识点理解得不够充分，有疑问，一定要主动提出来，和父母、老师或者同学交流。

3.认真对待作业。复习期间，老师会有针对性地根据复习重点和难点布置相应的作业。所以，一定要认真完成作业，这样才能达到事半功倍的复习效果。

4.制订复习计划。根据自己对知识的理解和薄弱环节，制订一份合理的复习计划。

5.准备一个改错本。一般来说，某个知识点掌握不牢固的话会在习题中体现出来，把错题改过后，根据题型进行归类，总结在改错本上，有利于以后的复习。

6.一定要回归到教科书。不是简单地把教科书看一遍，要注意做课后习题。另外，做例题比单纯地看例题的复习效果要更好。

如何做好每天的预习

预习是学生在学习过程中一个必不可少的环节，对学习效果影响很大。一位优秀的高中生说：“预习是合理的‘抢跑’。一开始就‘抢跑’领先，争取了主动，当然容易取胜。”

对北京市1000名7年级至高三学生调查结果显示：重点学校有25%的学生、普通学校只有17%的学生能够达到预习要求。也就是说，至少有75%的学生没有预习的习惯。究其原因，在于他们没有真正认识到预习的好处。

肖老师工作的时间不长，为了了解孩子们的学习情况，她开了几次主题班会，这次班会的主题是关于预习的问题。在班会召开之前，肖老师私下里已经向部分同学们征询过这一问题，发现不少孩子对于预习并不在意，认为预习效果很差，不如上课的时候仔细听。肖老师并不认同这种看法，于是就组织了这次主题班会：预习面面观。

在班会上，孩子们畅所欲言：最近的一次预习是什么时候，自己一般在什么时间预习，预习哪些科目，采用什么方式，对于上课有无效果，预习与不预习有没有什么差别等等。

王强的话很有代表性，他说："我想不起来自己最近一次预习是什么时候了，好像很久都没有预习过了。什么时候有时间，什么时候就提前看看书，谈不上什么方法，随便翻翻课本。预习的话，上课的内容熟悉一点，听讲好像容易些。不过没有什么明显差别。"

总结起来，多数同学都不重视预习问题，有空就看看书，没空就算了，没有什么计划。至于预习时间和预习方法，大家也没有什么想法，都是很随意，感受不到预习的效果。

肖老师的这一调查很有代表性。不少孩子不重视预习。但是，在心理学和学习论中，很多教育家都强调预习的重要性，认为好的预习可以对课堂学习起到很好的促进作用。而孩子们反映预习效果不佳，主要原因应是他们缺乏时间安排和规划，没有注意方法。如果能够在这些方面改进一下，会有较大改善。

凡事预则立，学习更是这样。课前预习是一种行之有效的学习方法，它能明显的提高孩子学习的效率，激发孩子自觉学习的主观能动性，获得课堂学习的主动权。因此，课前预习绝不是可有可无的，它是学习过程中的一个重要环节，在孩子的学习过程中，家长要给予高度重视。

一位妈妈要求儿子养成预习语文的习惯。在儿子上小学3年级的时候，妈妈要求他准备一个预习本，对他的基本要求是：

第一，把第二天要学习的课文读一遍，然后用一句话说出这篇课文写了什么，写在预习本上；

第二，在读的时候，把课文中的生字新词标出来，然后再利用字典注上拼音，并把生词的解释写在预习本上；

第三，给课文分段，把段意写在预习本上；

第四，要求孩子再读一遍，然后把读后感写在预习本上，篇幅不用长，哪怕一句话都可以。

这位妈妈认为，在儿子小学阶段，不应对他提过高的要求，主要是让他养成预习的习惯，而且她认为教科书就是最好的读本。就这样，在妈妈的精心培育下，儿子的识字量、理解力、写作能力和分析能力都提高很多，语文成绩也非常不错。

可以说，上例中的妈妈选择了一个恰当的时机培养孩子预习的习惯。其实，孩子在小学阶段的预习主要是一个习惯的养成问题。父母可以借鉴这位妈妈的做法，让孩子学会预习。

那么，具体怎么才能让孩子学会预习，养成预习的习惯呢？

1.让孩子学会控制预习的内容

预习主要是熟悉一下将要学到的内容，这样就可以在老师讲课的时候特别注意一下自己在预习时没有弄明白的地方，以此来解决自己在预习时所遇到的问题。但是，有的孩子在预习的时候往往不能够控制自己，比如，本来该预习一节课的内容，但是，他看着看着，觉得有些地方非常有意思，于是就不能控制地继续往下看。这样往往不能达到预习的效果。因此，在孩子预习的时候，父母要适当地控制一下孩子预习的内容。父母要告诉孩子，预习的目的是为了要了解课文的主要内容是什么，有什么新的知识点，需要巩固哪些学过的知识，通过这课能够延伸学习哪些内容，等等。并不是说，预习就是只看一下课文讲的是什么故事，或者是课文的大概意思是什么。在孩子刚开始预习的时候，可以先选择一门或是两门科目进行，不要一下子让孩子预习太多，那是不会有效果的。

2.让孩子合理控制预习的时间

每次预习的时间最好也要合理安排，时间太长或者太短都不能达到最好的预习效果。所以，如果新课自我感觉难度较大，就可以多预习一些时间，如果难度较小，就不要在预习上浪费太多时间了。薄弱、吃力的科目时间分配要更多一些，其他的科目可以大致翻一翻。有时，也可以利用星期天将下星期要学的新课程统一预习一下，以减轻下星期每天预习的负担。对于低年级的学生来说，预习不宜过多，也不宜太深。否则，可能会觉得自己已经学会了那些内容，对听课就会丧失兴趣，养成不认真听课的习惯。

3.教给孩子课前预习的方法

做作业的效果，多取决于听课的效果，而听课的效果，很大程度上取决于课前的准备——预习。因此，父母平时要督促孩子将即将学习的内容进行预习，可以让孩子试试以下的预习方法：让孩子对照课程表，看一下第二天要上什么课，做到先通读教材，如有新公式、单词则多读几遍，留下印象；找出不能理解和不懂的知识点用笔画上问号，到上课的时候重点听这部分的讲解，加深理解；明天要学习的内容，看是否能用今天学习的知识去解决它，尝试着做一两道题目，看哪里有困难。

另外，什么事情都不能千篇一律，预习当然也不例外。不同的学科有着不同的特点，这些特点决定了各自的侧重点，因此，父母应当知道孩子选择不同的预习方法。比如，对语文的预习，首先要先解决生字、生词，然后再对段落大意、中心思想以及写作风格、写作手法等进行分析。而预习数学时，则应当重点预习即将学习的数学概念和原理。

4. 督促孩子养成预习的习惯

孩子的自制力弱，要求孩子养成课前预习的好习惯，必须靠父母的监督来保证。因此，父母必须付出一点时间，每天孩子完成作业后，提醒孩子预习新课，并且对孩子预习的结果进行检查。当然了，真正了解孩子的课程，知道他明天该学什么，让监督和检查有的放矢，这也是对孩子的一种帮助。

当然，督促不是让父母生硬地命令孩子，而是要善用技巧，引导孩子自觉去做，比如，父母可以对他说："明天要讲第几课了？还有没有不认识的生字？""那些新单词你都掌握了吗？"等，从而暗示孩子去预习。

延伸阅读：

预习的重要作用

1.预习是提高学习效率的前提

首先，预习能发现自己知识的漏洞，弥补知识缺陷就扫除了听课障碍和提高了接受能力。其次，带着问题听课，好奇心特别强，精力自然集中，一旦解决了困惑已久的问题，思想便豁然开朗，情绪高涨，印象极深，可以久记不忘，学习效率必然提高。

2.预习能培养解决问题的独立工作能力和主动精神

独立工作能力只靠教是学不会的，它是在解决问题的实践中锻炼出来的，预习就提供了这种锻炼机会。此外，预习可使同学们养成"未雨绸缪"的主动精神，这是当前学习和今后工作必不可少的素质。可以设想，一个人缺乏主动精神，无论做什么事都要别人催着和逼着，他一生很难有成就。

3.开拓思路，发展智力

预习之后再听课，可做到心中有数，对已经理解的知识可进一步加深印象、强化记忆。对不懂的问题能全神贯注地跟上老师讲课的思路，思路开阔了，对于丰富想象、联想和发展智力都是十分有益的。

4.体验成功的喜悦，培养奋进精神

凡养成预习习惯的同学，定会不断进步，常会体验到成功的欣喜，从而充满信心地去追求更大的成功，还会促发拼搏精神，使人不断进取。生活中的任何事物都在运动发展，不是良性循环就是恶性循环，我们应当力争形成自己学习的良性循环。

培养孩子的阅读兴趣

阅读是人类进步的最好途径。在当今信息时代，知识的更新频率越来越快，阅读是人了解社会的重要方式，也是孩子认识社会和自然界的重要方式！哈佛大学前任校长艾略特说得好：“养成每天用10分钟阅读有益书籍的习惯，20年后，思想上将有大改进。所谓有益的书籍，是指对身心健康成长有益的书籍，不管是小说、诗歌、历史、传记或其他种种。”

我国有一位获得重大科学发明奖的青年科学家，在谈到阅读经验时，他道出了一个秘密。他说：“我今天的成功来源于孩提时代每天坚持的10分钟阅读。”据他回忆，在小学读书期间，他并不喜欢看书。后来在母亲的要求下，他渐渐对阅读课外图书产生了浓厚的兴趣。母亲最先要求他每天只阅读10分钟时间，读完以后才允许去做其他的事情。

这样每天坚持10分钟，他逐渐养成了一种习惯，一天不看点什么，再干什么都不舒服。于是一套《十万个为什么》在一种自觉不间断的阅读中，从头至尾看过了一遍。书中的科学知识和科学家的故事，也深深地在他的脑海里扎下了根。

就这样，每天10分钟的读书习惯，激发了他浓厚的求知兴趣，通过自觉阅读的好习惯的养成，他后来考上了中国科技大学，四年后又赴美留学深造，毕业后回国从事科学研究，现在已成长成为一名出色的青年科学家。

10分钟的时间，似乎微不足道，它稍纵即逝，但是，如果要是能坚持利用好10分钟时间，养成良好的阅读习惯，就会造就一个未来的人才。

苏霍姆林斯基曾经说过："如果少年学生除了教科书以外什么都不阅读，那他就连教科书也读不好。如果学生其他的书读得较多，那么他不仅能够学好正课，而且会剩下时间，去满足他在其他方面（创造性的智力活动、锻炼身体、参加劳动、审美劳动）的兴趣。"的确，读书对一个人一生的发展非常重要，它不仅使人知识广博，更重要的是它能陶冶人的品德，使人的精神内涵更加丰富。

北宋大科学家沈括， 其父母文化底蕴深厚，在父母的早期教育下，他很早就开始读书。14岁时已把家中的很多藏书都读过了，以后又各处借书读，青年时期就已成为当地知名人物。后来随父亲工作调动到福建、江苏、四川和京城等地，有机会又读了很多书，学识更加充实。24岁时他步入仕途，任东海（江苏）宁国（安徽）宛丘（河南）等县县令，政务之外仍勤奋读书不辍，33岁考中进士，三年后被聘为皇家昭文馆编校。这让他有机会读了更多的皇室藏书，学识更加渊博。他对文学、史学、军事、农事、天文、地理、物理、化学、数学、生物、水利、医药、书法、音乐……都有很深造诣，是当时深受人们尊敬的学者。他一生著述有几十种，最著名的是《梦溪笔谈》，被誉为是“中国科学史上的坐标”，他成为当之无愧的世界上最优秀而伟大的科学家。

阅读是获得知识的主要渠道，80%的知识是通过阅读获取的，所以，培养孩子从小爱阅读的习惯很重要。阅读是一种终身教育的好方法。

引导孩子爱读书是每个父母的责任，孩子一旦对读书产生了浓厚的兴趣，就会燃起求知的智慧之火，这样，你就为孩子的成功铺设了一条道路。

阅读能力是一种综合能力，它不是一朝一夕可以形成，而是循序渐进的一个过程。孩子由于受年龄，知识和生活环境所限，不论在阅读习惯、方法和材料等方面都会遇上很多困难。而父母作为孩子的第一任教师，就成为孩子阅读的启蒙者。因此，父母要担负起阅读教育的职能，培养孩子广泛的阅读兴趣。

1.限制上网时间，从父母做起

孩子最强的能力是模仿，父母的行为和习惯，都会无形地影响到孩子，孩子就是家长的一面镜子，家长怎样去做事，孩子会模仿家长的行动。

美国有一个组织在2013年做过调查，2岁以下婴幼儿使用移动设备的比例为 38%。 2011年，该组织也进行过一次类似调查，当时 2 岁以下婴幼儿使用移动设备的比例仅为 10%。00后和10后的这些婴幼儿为“真正的数字原生代”。他们会比我们更加会利用网络，同时也在网络或电子设备上花费更长的时间，这已经成为他们的生活方式。

因此如果孩子不爱看书，很大原因在于家长。如果父母天天上网、玩手机。孩子也会试图模仿着父母的样子，渐渐被电脑和智能手机中新奇的事物所吸引。每当父母在用电子产品时，孩子玩的意愿就会加强。所以，父母要以身作则，严格要求自己，不要在孩子面前整天捧着手机、Ipad、想要孩子少玩电子产品，自己就要多读书，戒掉低头玩手机、Ipad瘾。

2.激发孩子的阅读兴趣

19世纪德国著名的思想家、诗人歌德幼年时，母亲就常常给他讲故事。每天讲到“且听下回分解”的地方就停住，以后的故事情节让歌德去想像。幼年的歌德为此做了各种猜想，有时还同他奶奶商量，等待着第二天故事情节的发展。第二天，母亲在讲故事前，先让孩子说他是怎么想的，然后自己讲。当歌德猜中的时候，他就高兴得叫起来。歌德的记忆力和想像力就是这样培养起来的，当然，歌德的读书兴趣因此也被调动起来了，这为他后来创作剧本和小说带来了很大的益处。

兴趣是最好的老师，有了兴趣，做任何事情，你都会主动去做。没有兴趣，想做好一件事情是很难的。培养孩子读书也是这样，只有培养了孩子的读书兴趣，孩子才能主动去读书，从丰富的书籍中去吸取营养，丰富自己，充实自己，不断提升自己的素质。

3.为孩子创设和谐的阅读环境

美国第54届总统小布什很喜欢读书，他小的时候，母亲便常在睡前读书给他听。

为了鼓励布什读书，母亲还在家里摆放了许多图书，目的就是让书籍可以触手可及，当孩子想看书的时候随时都能拿到手。这些图书的种类很多，大都是母亲为小布什买来的，也有跟别的家庭交换各自已经读熟了的书。每逢节日或小布什生日的时候，母亲都不忘记送给他最好的礼物——书。

不仅如此，母亲还动员全家都来参加读书，组织“家庭朗读”活动。不同的人讲故事会使孩子有新鲜感，所以母亲动员小布什的父亲、爷爷、奶奶等人要读故事给他听，这样互动的交流让小布什受益匪浅。

读书需要有一个良好的氛围，如此才能保证孩子心情愉悦、注意力集中地读书。所以父母要尽可能为孩子创造有趣、轻松、自在的阅读环境。正所谓书香门第多才子，一个最重要的原因就是他们家庭读书的氛围好。如果父母本身都有阅读习惯，言传身教，自然能给孩子良好的影响。

4.帮孩子掌握读书的方法

目前，很多孩子未能掌握有效的读书方法。比如无论什么书籍，都是一字一句地看完。其实即使是有很多空闲时间的成年人，也无法做到这一点，更何况是身负繁重学业的孩子？因此，家长必须帮孩子掌握科学的读书方法。明白哪些书需要精读，哪些可以泛读，哪些则只需要浏览。只有这样，才可以提高读书效率，利于健康成长。

首先是浏览。课外书籍很多，不可能每一本都仔细阅读。拿到一本书先要粗略地浏览一遍，了解其梗概，看看是否适合自己学习需要，尽快决定取舍，避免无效劳动。在浏览决定之后，对需要阅读之书，先用较快的速度粗读。目的是了解大致内容，看看书中讲了些什么，做到心中有数。粗读时对书中的难点、疑点做上记号，不作深究。粗读后认为有价值的书，再认真细致地阅读，深入思考研究。如果认为没有必要重读，此时也已从书中获得了不少知识。对需要重读的有价值的好书，就要认真细致地阅读，把握书中的重点，弄懂疑难之处。阅读时要多设疑问，多问几个“为什么”，再想方设法解决疑问，直到所有疑问全部解决为止。这是读懂一本书的重要环节，也是培养独立思考能力的方法。

5.让孩子以纸上阅读为主

网络对人们日常生活的影响正日益深入，以至于有些孩子认为，到网站上浏览也是课外阅读。家长应该让孩子制定，其实网络取代不了课外阅读，因为网络阅读有以下的三个缺陷：一是内容混杂，良莠不存，学生难于把握；二是信息堆积，正面引导的东西较少；三是缺乏一种可以“钻”进去深入思考的读书意境。因此，传统的书本阅读方式更适合孩子。

6.引导孩子阅读经典文化名著

经典文化都是世界历代文人和学者的绝世之作，经过几千年的大浪淘沙留下来了脍炙人口的作品。如果我们的孩子经常阅读这些经典文化，让孩子们的心灵与大师们交流、碰撞，让他们深切地感受到文字里所蕴藏着的瑰宝，他们本身的素质从小就是高起点、高标准的迈开了人生的第一步。所以，家长要引导孩子读一点经典名著。

以下是初中生语文新课标必读必买的中外十大名著书目：《钢铁是怎样练成的》、《鲁滨逊漂流记》、《格列佛游记》、《繁星·春水》、

《朝花夕拾》、《西游记》、《水浒传》、《骆驼祥子》、《名人传》、《童年》。

孩子写作业太慢，家长怎么办

孩子写作业磨蹭是很多家长都遇到过的问题，其实孩子不爱写作业或不专心写作业，首先是一个习惯养成的问题，孩子的良好习惯是从小学甚至幼儿园就要开始培养的，一旦不好的习惯形成了就要花费很大的功夫来改掉，那么孩子写作业的问题现在就是改正习惯的问题了。

刘刚是一个聪明的孩子，但就是做作业的时候总是磨磨蹭蹭，边做边玩，不是东张西望，就是转前转后说话，还经常发愣，半个小时的作业量，他总要用两到三个小时才能完成，而且正确率也不高。这是班级里写作业慢学生的主要特点，大多数家长以此非常发愁。

其实，孩子不做作业和作业拖拉情况，这是一种很正常的现象，它符合孩子成长的正常特征，是孩子对所处环境及自身性格和兴趣等的写照，每位家长对此处理的方法不同，但其根本是一致的，那就是攻心为上，家校合力，共同促进孩子良好学习习惯的养成。

1.养成及时或者趁早完成作业的习惯

在有足够时间可以完成作业的时候，让孩子养成及时完成作业的习惯很重要。同样的作业量，有的孩子可以游刃有余地完成，并且还有足够的时间给自己的业余生活增加光彩，而有的孩子却灰头土脸整个晚上都耗在了作业上，除去孩子真心不会的原因外，其实最主要无外乎没有“好习惯”三个字。

一定要给孩子立上规矩：就是有作业就要及时或者趁早完成。不管怎样，作业就在那里不多不少，早也要做，晚也要做，为何不早一些，还给自己留有时间可以做有兴趣的事情呢？

2.限定学习时间

学生每天的作业一般需要用一定的时间，双休日略多些。事先与孩子商量好作业时间、中间休息的时间，然后按规定进行。这样做使孩子具有一定的紧迫感，加强了注意力，最终使其学习效率得以提高。如果孩子高质高效地提前完成学习任务，千万不可再追加作业，而是应该表扬，应该奖励孩子玩的时间

3.保持良好环境

孩子的书桌上尽量不放平日他最感兴趣的非学习用品以免分心。既然有了规定，家长就不必陪读或监督，只需做自己的事情即可，但家中不要有过多的噪声，如搓麻将、看肥皂剧搞得惊天动地，又要求孩子写出清新优美的作文，这实在有点过分。要给孩子提供相对安静的家庭学习环境。

有一位母亲这样说道：

我的儿子为做作业经常忙活到半夜，而他的同学早早就做完了，甚至还有时间看电视。我一直以为是孩子拖拉、磨蹭的缘故。我后来发现自己的家庭环境对孩子的影响太大了，我的丈夫爱上网，我经常打电话，唠家常，孩子被我们所吸引，时常探头探脑，或者从房间出

来转一圈。我们认识到问题的严重性，丈夫主动缩减上网时间，避开在孩子学习的时候上网；我也克制自己，尽量不打电话，即使非打不可，也要控制声音，防止干扰孩子；另外，我们在做家务时，也尽量防止发出很响的声音。家里的环境安静了，孩子学习的效率得到了提高，拖拉的现象少多了。虽然这样做我们自己的活动受到限制，但是能给孩子一个安静的学习环境，我们觉得很值得。

4.让孩子明白自己的事情要自己去完成

写作业拖拉的孩子家长有一个通病，家里至少有一个人经常记着催促孩子写作业。有人惦记着孩子的作业没写完，孩子就可以把作业抛到九霄云外，他不用担心自己忘了写作业。甚至还有一些家长比自己的孩子更加紧张写作业的事情，然后把没有作业的后果自我想象得非常可怕，但家长的想法孩子并不认同，所以孩子会觉得这么紧张应该是你们的事情，自然对功课的热情度趋于零。家长要让孩子明白自己的事情要自己去完成，交不了功课受罚的人是你，不是父母。这就需要家长不要那么热心地去催促他写作业，家长只需要提醒一下孩子，问一声“你的作业写完了吗？”“你自己记着安排好时间写，我不再提醒你了，我还有很多事要做，没有精力一直记着你的作业。”“还有两个小时就该睡觉了，你的作业写完了吗？”而不是命令式的“赶紧去写作业！”，孩子对命令口气逆反，我们大人也反感别人命令自己做什么事情，但是要是有人在关键时候善意地提醒一下，我们或许会很感激提醒我们的那个人。孩子也一样。

5.严格检查督促

在孩子尚不能自觉学习时，家长要严格检查，发现问题后和蔼但坚决地与孩子交流。检查的内容有两个方面。首先，是否按规定时间完成作业。其次，作业的质量如何。让孩子明白按时与保质、保量是一致的。

6.成绩奖惩分明

当孩子按规定去做取得初步成效时，家长必须及时给予肯定和奖励，这种奖励应以精神奖励为主也可辅之以必要的物质奖励。当孩子没有按规定去做时则必须给予应有的惩罚，如批评，或取消去饭店、旅游、购买玩具计划等。

7.给孩子留下自由支配的时间

有些父母在孩子完成老师交代的作业之外，还会额外给孩子布置一些作业，这种无形的压力会让孩子故意放慢写作业的速度，以此抗议，反正写完老师布置的作业还有妈妈布置的作业，就不如连老师布置的都做不完。久而久之，孩子就养成了磨蹭的毛病。因此，父母尽量不要给孩子“吃小灶”，把孩子对作业的厌恶放大。对孩子的家庭作业，父母应该适当介入，根据老师布置的作业对孩子需要的时间做一个估计，给孩子留下自由支配的时间，让他做自己喜欢的事情。养成这个习惯后，孩子会抓紧时间完成作业。

8.教孩子掌握做作业方法

做作业时，让孩子一口气把作业完成，不会的跳过去。这是做作业的关键，然后再回头审视不会的地方以及寻求帮助。这种先整体完成再补充细节的做作业方法对于考试和减轻心理痛苦都有积极的意义。尤其是将来他们要想做大事情，难免要遇到一些小的挫折。如果他习惯于清晰目标，忽略这些小的挫折，就可以在大方向上解决问题，而不会被细枝末节吸引注意力。

查缺补漏，让孩子学会自己检查作业

作业是学生对头脑中知识的检测，任何错误都意味着自己的漏洞和不足。而及时检查，能够通过学生自己的努力，最大限度减少错误，从而提高学习的信心。然而，如今一些孩子，做完作业之后，把检查作业的任务交给父母，而父母也欣然接受。虽说检查作业是一件小事，但是如果孩子不注意这个细节，就容易养成不好的学习习惯，对孩子的学习是没有好处的。

2001年7月20日晚10时55分，贵州省贵阳市一名叫曾文蓉的贵州师大附中应届高考女生家里的电话突然急促地响起来：叮……电话铃声刚响过一遍，曾文蓉便从沙发上一下蹦起，将话筒抓在手中，激动而兴奋地应答："喂，是袁老师吗？您好，袁老师，是，我是曾文蓉。哦，高考分数已经出来了，好好，我马上记下来。"这时，坐在沙发两端静候佳音的文蓉的父母赶紧将笔和纸递给女儿。"袁老师，您说吧。""哦，总分是625分，语文是……"曾文蓉非常惊讶！不相信自己的耳朵。"怎么？袁老师，我的总分是625吗？这么说，我的北大梦破灭了……"曾文蓉激动得竟没有记下袁老师继续告诉她的各科分数，因为她不相信自己只考这么多分。在一旁的父母也陷入了沉思之中。

应当说，625分已是多少学子梦寐以求的高分了，并且已够好多所重点大学录取线。但曾文蓉却认为是太大的失败。因为，多年来，她一直是贵师附中的尖子生，她的梦，就是进北大!她的爸爸妈妈也一直这样认为，然而他们失败了。是什么原因呢，看看文蓉自己和父母的总结吧。曾文蓉在一篇文章里写道：考下来自己估分感觉还蛮不错，一家人都比较乐观，爸爸、妈妈对我都很有信心。所以在这种心态下发榜时心情就好似瞬间跌落到低谷。一家人都受到了重创。当时我在客厅里低低地哭，妈妈看着我说：'你要是想哭就回到房间好好哭一场吧！'听到妈妈这样一说，我再也忍不住了，一头冲回自己的房间关上房门哭起来。然而，哭过之后还得面对现实。当时有一所名牌大学愿意录取我，但我不想放弃进北大校园，我想再考一次！但，这会给爸爸、妈妈增加很大的压力和负担，不过，妈妈首先支持我先放弃今年的大学，再读一年，明年再考。爸爸也同意了，但爸爸提出必须要好好分析，找准原因，对症下药，以取得明年对北大的冲刺成功。于是我们坐下来检讨失败。

首先，妈妈认为失利的一个原因是文蓉在考试那几天正在生病。另一个原因是复习时忽略了语文学科；爸爸总结是她的心态比较浮躁，没有真正静下来，对自己太轻信，忘了做完题细心检查，致使平时能答对的，也失误了，丢了分。文蓉说："我认为，妈妈的总结只是客观原因，爸爸的总结才是主观要害。我自己知道，由于我的粗心，又由于没有细心检查，造成的损失太大了。因为在考试前我做一些模拟试题只在草稿上算一下，填个答案在试卷上就行了，没有养成细心检查的习惯。高考时也这样，结果吃了大亏。我决心复读一年，并在巩固原有成绩的基础上，从复读第一节课起就养成做完作业后仔细检查的习惯。”结果，她成功了，在2002年的高考中，曾文蓉以709分的成绩成为贵州省理科第一名，进入了北大，圆了她的北大梦。

让孩子学会自我检查，等于让孩子又重新复习了一次。不仅可以使孩子从粗心变为细心，还可以让她对知识加深理解和认识，使他所学到的知识更加扎实，思维更加严谨。因此，让孩子做完作业后，多检查一遍是很有必要的。

检查作业是每个孩子都应该掌握的一种学习能力，也是他们学习过程中必不可少的一项素质，检查作业可以培养孩子细心、一丝不苟的好品质，会让孩子在学习中更专心、更认真。

好的学习习惯远比成绩更重要。让孩子养成检查作业的习惯，父母要讲究教育策略。那么，父母应该怎样帮助孩子养成自觉检查作业的习惯呢？

1.让孩子知道检查作业是自己的事

妈妈下班回到家，看到女儿还在写作业。晚饭后，妈妈照例给女儿检查作业、签字。检查到语文，是拼音拼读的抄写，第一行就错了一个，忘了标声调。妈妈让女儿改正，并要求她自己检查一遍，可是她很不以为然，马马虎虎看了几眼，就对妈妈说：“妈妈，我检查完了。”

妈妈知道女儿在敷衍，就让她再仔细看一下，但是女儿不愿意。妈妈对她说：“一会儿如果我再检查出错误来，你可要挨罚了；如果是你自己检查出来的，只需改正就行了。挨罚就要罚写一行。”女儿做了个鬼脸，同意了。

检查到第二页时，女儿发现了一个错误，再往下看，最后一行竟然连着三个没写声调。妈妈不动声色，只指出了她一处错误，让她改正。接下来，女儿检查得更认真了。发现了问题，马上改正过来。

检查完后，妈妈认真地对女儿说："以后妈妈不会给你检查作业了，你自己要对自己的作业负责，不要为了完成任务而做作业，做完作业还要认真细致地检查。这样才能提高学习成绩。"

要让孩子明白，检查是自己的职责，不要指望别人的帮助。如果孩子自己检查，只是应付地看一遍，然后跟你说"妈妈，没错，我检查过了。"一看就是在敷衍，这是孩子对检查缺乏兴趣的表现，家长可以给孩子规定一个检查的时间，例如10分钟，对孩子说："我们一起来找错误，看谁找得快！"如果你先找到，不要说错在哪里，可以说："有差错，我已经发现了，你自己去找，看你本领如何？"待孩子全部找到差错后，再签字并表扬，让孩子懂得找到差错也是一种成功。

2.教孩子检查方法，不要直接指出作业中的错误

当孩子检查完作业后让父母再次检查时，父母不要一边检查一边给孩子指出错误，这样只会增加孩子的依赖心理。父母应该在检查之后，对孩子说："我看出一些问题，你自己检查一下，看看咱们找出的问题一样不一样。"如果孩子找出来了，父母要鼓励孩子下回一次性做对。如果孩子找不出来，父母可以直接给孩子指出错题，但不要告诉正确答案，而是让孩子自己更正。这样时间一长，孩子逐渐就会养成谨慎、细心的学习习惯。

一天儿子从学校回来，拿回一张79分的数学试卷。爸爸一看试卷里出错的题，基本上都是因为粗心造成的。想想儿子经常犯粗心的毛病，从上学以来，不论大考小考，很难得到满分，总要错几道题。再这样下去，爸爸担心孩子会养成马虎的习惯。

于是爸爸决定帮助儿子改掉坏毛病，要让孩子养成细心检查的好习惯。

爸爸拿出儿子近期的语文和数学试卷，对儿子说："儿子，这段时间怎么这么粗心呀，是不是做完题后懒得检查？"儿子看着爸爸，不说话。

爸爸接着说："以后你做作业一定要认真检查，最好多检查一遍，这样才能避免犯错。"

儿子点点头。

当天晚上，爸爸开始和儿子一起检查作业。当爸爸看到儿子心不在焉地检查作业时，就对儿子说："检查要仔细，计算题还要动笔算才行。"说着拿过儿子的作业，说："看爸爸是怎么检查的。"

儿子紧张地看着爸爸。爸爸一边帮儿子检查，一边夸张地对儿子说："哇！老爸在前面5道题中发现了两个'雷'。"

儿子惊奇地说："什么'雷'？"

爸爸说："就是错误呀！你能找出那两个'雷'吗？"

儿子说："就在前面5道题里吗？"

爸爸说："是的。"

就这样，儿子找出了错误。

很多时候，孩子检查了作业、检查了试卷，但并未检查出错误，这是因为他们没有掌握正确的检查方法。家长要教给孩子一些方法，比如检查计算题时，要让孩子动笔算一遍；检查语文试题时，要轻声读出来，而不是光用眼睛看。

第五章　要想学习好，掌握方法技巧是关键

让孩子提前做好考前复习

孩子的考前复习也就是为考试作好知识准备，这是考前最重要的准备，抓好了孩子的考前复习，临考时孩子就会有一种胸有成竹的感觉。它不仅为应试答题奠定了“物质”基础，而且也可以消除孩子考前精神上的焦虑，确保考试中智力的最佳发挥。因此要想在考场上取得优异成绩，父母请先从孩子备考复习抓起。

兰兰在学习上非常刻苦，可是每次的考试成绩却一直上不去。她最大的问题就是没有提前做好考前复习计划，东一榔头西一棒槌，像没头苍蝇一样。学习的效果自然也跟狗熊掰苞米一样，捡了这个，丢了那个。

人对于知识的掌握和记忆都是有一定规律的，一次记忆不了太多的内容。而兰兰一忙起来，就搞临时突击，恨不得一个晚上把整本书都过一遍。力没少出，效果却不理想。越看越觉得自己什么都会，一考试就发现什么都不会。她平时学习不注意对知识的积累和巩固，一到考前就临时抱佛脚，完全是凭临时加深的印象来应付考试，一考完就忘得一干二净。时间一长，学得多，忘得也多，临时突击的作用就越来越小。真碰上大考，成绩一下子就下来了。

不爱做考前复习还有一个问题，就是心里对自己没底，看什么都觉得眼生，自信心越来越差，临场发挥也总是没有状态。拿兰兰来说，因为平时学习没有系统，只知道抓知识点，最终头脑里还是没有把知识全连接起来，没有形成一幅活的知识结构图，考前就总是觉得自己有漏洞。这是一种典型的被动式学习，根本不知道要在自己的心里建立知识库，好像是在为别人学，效果当然就差，不管学了多少，都会很快忘掉。

兰兰很出力还是学不好，逐渐就觉得自己比别人笨，也不相信自己的成绩能赶上别的同学。结果，就因为学习方法上的问题，耽误了她自己的前途。并且，这种自卑感将跟随她一生，为她带来无数的挫折。

“考试的意义在于复习”，这句话说得很有道理。考试的作用，除了检验学习的效果，发现教学问题外，更重要的作用是促使学生进行全面的复习。

考前复习是孩子们整个学习过程中比较关键的一步。最佳的复习方法是把复习考试当作一项系统的任务。

考前四到五周是最后复习阶段，这种复习属于强化复习，而这种强化复习又是必不可少的。通常情况下，父母在孩子临考前应帮助他们抓好以下几个方面：

1.要求孩子制订一个短期复习计划

无论是学期考试，或是毕业、升学考试，由于考试的时间集中，考试的科目较多，每到这时，许多孩子经常是手脚忙乱，搞得焦头烂额。面对众多的复习内容，不知从何入手，所以家长必须让孩子制定一个合理的计划和安排。对于毕业和升学考试复习，即使原已制定了系统的复习计划，但由于临考复习与前段系统复习的要求不同，也应该有一个考前的安排，做到长计划与短安排相结合。只有这样才不会在紧张的考前复习中常常为时间和科目的安排而犹豫不决，才不会因打乱仗而完不成复习任务，或是做一些不必要的重复劳动。

考前复习计划应明确重点，分清主次。计划应尽可能安排得细一点，包括复习科目、内容及时间，力争做到在固定的时间完成规定的复习科目和内容，不打折扣，以确保复习计划的全面落实。

计划应安排得科学、合理，如文理科复习内容宜交替安排，需要强化和记忆的内容宜安排在早晨和晚上；在个人每天的生物节率“高峰期”，安排重点的复习内容；而在自己情绪和精力的“低谷”，安排次要的复习内容或安排娱乐与休息。可列出个时间表，合理分配各科复习时间，避免出现厚此薄彼等偏科的现象。

2.引导孩子组织利用好系统的复习材料

如果时间允许，考前复习的第一步应先对复习材料进行适当整理。可在以前系统总结的基础上再进一步综合与归纳，使复习内容更系统化，使知识更进一步“浓缩”。这样就能在临考前较短的时间内抓住知识要点，实现全面系统地复习各科知识的目的。由于通常情况下临考复习的时间都很紧，这种高度“浓缩”的归纳、整理和总结，最好能在前一段的系统复习中完成。

倘若有的孩子平时没有做好复习笔记，考试之前又来不及进行全面总结与归纳，需要安排复习的材料分散在课本、笔记本和其他参考书上，这时可以对各有关的复习重点开列出一个清单，然后再着手进行考前系统的复习。

3.告诉孩子复习既要有重点又要全面

复习要把握重点和方向，并非指非重点的内容就可以不复习。孩子都喜欢复习自己最喜欢的一科，越是不喜欢的课越不爱复习，这就形成了恶性循环。所以家长要引导孩子把重点精力放在自己弱势的科目或单元上。

另外，考前复习还要对课程范围进行最后的确认，看看自己的复习范围是否有遗漏，包括知识方面的和应试技能方面的，一方面可以对照考试提纲进行检查，另一方面可以有选择地做几套模拟试题。做模拟考试题不仅可以检查自己知识与技能的全面落实情况，而且可以熟悉考试题型，了解自己的实力和积累考试经验，它是考前复习的重要内容和方法之一。

4.帮助孩子做好复习的时间安排

有很多孩子在备考期间为了争取时间一分钟都不放过，这种争分夺秒的精神很值得赞扬。可是，从科学的角度而言，孩子在紧张复习的时候，也要保证获得充足的休息。比如课间休息的时候，孩子应该做一些不太剧烈的运动，这样一来就能消除大脑的疲劳，从而以更好的状态投入到下一轮的复习中。

孩子在家里学习的时候，还可以参照以上方法对大脑进行调节。家长要提醒孩子制定严格的作息制度。

多数情况下，每次聚精会神地学习45分钟以后要休息10分钟。

在这段期间要以活动性休息为主，不应该静坐不动，不然，孩子的身心疲劳未能得到缓解，自然会导致学习效率的下降。

除了课间应该适当地休息以外，中午也应该放松一下。

有些孩子中午吃完饭以后就看书，这会导致消化不良，是不明智的。

吃完饭以后，孩子要休息一下，假如继续做题，容易使大脑疲劳，对身体健康不利。还有，中午时假如不适当休息一下，等到下午的时候就没有精神了，听课与自习的效率会降低。

父母要引导孩子养成良好的作息习惯，并且要注意适度的休息、娱乐与锻炼。形成稳定的生理节奏和心理节奏使孩子的机体处在一种稳定、和谐的状态。在这种状态下学习，效果会不断地提高。

先易后难，合理分配答题时间

在考场中，有些孩子为了节省时间，试卷一发下来就急着做题，其实这是考场上的大忌。

考试时一般是提前5分钟发卷，考生应充分利用好这5分钟。试卷发下来以后，不要急着做题，先要将整个考卷浏览一遍，对题目难度、题量、题型、答题要求、分值等做到心中有数。然后确定自己的答题方案，即对自己答题的顺序和在各个题目上的时间分配做出全局性的安排。

一般来说，难题在考试中占10%的比例。对于一般同学来说，花很多精力在难题上面是得不偿失的，因为它所占的分值少，却会耗费大家大量的宝贵时间。而且如果你对中档题掌握得够好的话，就很有可能把它做好，至少可以得一部分分数。那么对于难题和怪题，该采取何种态度呢？

原则是：先易后难，切莫慌乱。翻开考卷，一定要仔细阅读，遇到一时没有解题思路的问题，就先放下，抓紧做后面的题。等把会做的题目都做完，再做前面空下的难题。

张华的侄子是2010年吉林省的高考状元。暑假里，张华特意带着自己的儿子去“拜访”侄子，讨教学习经验。在与侄子的聊天中，张华发现侄子很注重考试细节和技巧，特别是侄子所说的先易后难的答题原则，令张华眼前一亮。

张华马上问身边的儿子："儿子，你平时学习也挺认真的，为什么考试的时候总是时间不够，题目做不完呢？"儿子委屈地说："爸爸，题目太难了，我总要花很长时间去思考，结果耽误了后面的题目。"

听到这里，张华的侄子马上说道："堂弟，我知道你的问题了，考试的时候你总是从第一道题往后做，是吗？"张华的儿子点点头，侄子又说："而且中间遇到难题时，你不会跳过去，而是继续苦思冥想，对不对？"张华的儿子又点点头。这时侄子肯定地说："你就是没有坚持先易后难的答题原则，不信你以后试试看，你准能考出较好的成绩。"

听了堂哥的建议，张华的儿子在新学期里坚持了先易后难的答题原则，果然，他总能取得不错的成绩，而且从来没说题目做不完。

先易后难，这看似简单，但是很多孩子未能意识到这一细节的重要性，他们觉得考试时间是不变的，先做难题，还是做容易的题，对考试成绩没什么影响。

其实不然。试想，如果不由易到难地答题，遇到难题时，孩子必须花费时间思考，如果难题够难，孩子思考了半天还没有眉目，就会影响孩子的自信心。再说了，当孩子花费时间解答难题时，后面还有很多题目没有做，这时孩子一看表，发现时间不多了，很可能紧张不安，势必影响孩子后面答题的准确度。所以说，考试的时候，家长要指导孩子掌握先易后难的答题技巧。

王刚是黑龙江省的高考状元。在考试的时候，他一般先大体上看一下试卷结构，看看各种题型，分值的分布。对整个卷子有一个总体的了解，全面的把握。这样她就能在安排答题顺序时心里有数，不致慌乱。

然后开始答题，王刚注意到班里有些同学喜欢反着答题，即从后往前答，这其实不是一个好的答题习惯。因为整个试卷结构是出题人按照程度由易到难、分值由小到大的顺序安排好了的，打乱了顺序，会给自己增添不少的麻烦。

在考场上，考生虽然也知道要合理地分配答题时间，但是一遇到难题就全乱套了。答题顺序如何安排呢？王刚一般的做法是从前到后，先易后难，稳扎稳打，最后攻关。

结合时间安排，他总是优先解答最容易得分的和时间分数值较高的题，最后做可能没有希望得分的或得分比较费时的题。

也就是说，先做一看就会的最容易得分题；其次，做每分钟得分多的题；再做得分少的题；最后做难度很大或可能没有希望得分的题。

王刚说，历年高考的试卷，难易试题的比例多呈梯形。多数试题属于基础题，难度较低，排在前面；少数综合性较强，难度较大的题目一般排在最后。先用较短时间准确完成基础部分，再集中精力和时间攻克难题。若先做难题，耗去大量时间左冲右突，如果劳而无功，再回头作简单而容易得分的题时，又可能因时间仓促而忙中出错或心理紧张“发毛”而对容易题目找不到正确的解题思路。

因此，考试的时候，他碰到对自己来说较难的题目，一时做不出来，总是先跳过去，做点简单的题目以恢复自信心。有时碰到并不难的题目，可能一时想不出解题的最佳突破口或解不出答案，他就暂时放弃，先做其它的题。好多情况下，过一会儿答案会突然出现在脑海之中。

正确的应试技巧，让他在高考关键时刻，不慌不乱，顺利走上成功的道路。

先易后难的答题方法有利于消除紧张，逐步提高自信，以饱满的精神和较佳的思考水平来攻克后面的难题，避免完全按顺序答题时不停地遇到难题，不停地产生紧张焦虑心情，最后会阻碍思维水平的正常发挥。在时间分配上，要注意对整个试卷的完成时间做出统筹安排，最后必须安排5～10分钟的时间进行检查。

延伸阅读：

刘沁是非常自信的孩子，甚至有些自负，她常在同学面前吹嘘："不管多难的考题，我都能解答出来。"原来刘沁的成绩很好，每次考试总能取得不错的成绩，她习惯从前到后的答题，由于生性聪明，在考试中她基本上没有遇到过什么大问题。但是，她最后还是在一次考试中栽了跟斗。

那次数学试卷有点难度，刘沁拿到试卷后，做到第三道题时她犯难了，因为那道题很难，是个选择题，她陷入了思考中。终于，花了15分钟的时间，她选择了正确的选项。谁知道第四题和第五题也都很难，为了解答这两道题，刘沁足足花去了20分钟的时间。

之后，当刘沁看表时，发现考试时间过去了一半，自己却只做了几道题，不免紧张起来。可是越紧张，她的脑子越静不下来，思维出现了混乱，最后两道题没时间做了。结果，她的数学只考了63分，为此她懊悔不已。

教孩子掌握答题技巧，提高考试效率

考试如打仗，有战略上的全局安排，也有战术上的灵活机动。在考试中，有一些策略性和技巧性问题是要掌握的，即常言说的“考试经验”。一个人的考试分数主要取决于他对所学知识的掌握程度，但考试经验无疑也能对考试成绩产生很大影响。所以，家长一定要教会孩子一些考试技巧。

1.安排好答题顺序

首先要了解试卷要求，不要急于翻阅试卷，而是专心致志听监考老师讲注意事项，认真填写卷头。按照监考老师统一规定填写自己的姓名、考号。大致浏览试卷，了解试卷的张数、题量、题型的分布和各类题目所占的分值等信息，以免漏答。然后再按照由易到难的原则答题。

在答题时，要认真审好每道题，沉稳细心答题。首先，审题是答题的最关键的一步，要认真分析题目所传达出的每一个信息，明确问题。其次，保持沉着冷静，要对做题中遇到的困难有正确的认识。在考试中遇到难题是十分正常的事，如果真的不会做要暂时放弃，改做其他题目。再次，细心是答题准确的可靠保证。谁都想在考试中得到高分，要做到这一点，除了充分发挥自己的能力以外，还应该防止出现不必要的丢分现象。这就需要考生在答题过程中细心。

2.控制好答题时间

在考试的主要目标就是如何在有限的时间里，充分发挥个人的能力，所以在答题中，要根据各题分值安排适当的时间，能快则快。容易做的题目一般所占的分值比较少，有的只有1分、2分。在这些题目上不应花太多的时间去慢慢思考，而应该在一两分钟内就搞定。对于占10分以上的大题，就应该相应地投入更多时间去考虑怎样才能答得完满。

如果你原来想用5分钟来做这道题，但5分钟过去了，还没有找到正确的解题方法，这时就可以跳过这道题，先做后面的题目。但是，如果5分钟后，你已经找到了解题方法，可以继续延长时间做下去。同时在后面的题目上要争取做快点，把那部分时间补回来。

遇到不会的题时要尽力写出步骤。有的题目虽然我们不能全部给出解答过程，或不能得到最后答案，但是能做出一步就做一步，哪怕只是列出了一个方程式，或只给出一步推理，一句评论，也可能提供得分的机会。做完所有的题目后，回过头来检查是很有必要的。但是，当我们把试题做完后，大部分被激活的知识点已经发挥了自己的作用，慢慢地退回到记忆中去，我们的大脑神经也逐渐恢复平静。在检查的时候，大脑神经没有原先那么活跃了，也没有了大量相关知识网络作为背景加以支持。这时候我们所做出的判断敏锐性会降低，正确率也会降低。所以，当我们在检查的时候，如果没有确切的理由认定原来的答案是错误的，或是没有另外更好的答案时，应切记不要轻易改变原来的答案。改答案时，先把正确的答案写上去，再去掉原来错误的答案，以免考试结束时间到了，再动笔就违反考试规则。

3.时间来不及时要镇静

在考场上，时间不多了，却发现已经来不及把所有题都做完，应如何应对？

此时最需要做的是调整紧张心态，消除紧张情绪。如果你在考场上遇到了题目还没答完，但时间已经不够了的情况，可以这样安慰自己：

“我已经做了这么多了，剩下的毕竟是少数，我做得慢，自然准确率就高。”“我来不及，别人也会是这样。”

调整好自己的情绪后，想想答题卡有没有填好？如果没有填，先填答题卡，并耐心检查一遍。再整体看一看还有几道题目没有做，它们的难易如何，各题的分值是多少，如果做，需要多长时间。接着根据所剩的时间来安排，正常情况是先做容易的、花时间少的题目，如果题目的分值比较高，又是自己能做的，那要首先考虑将它做出来。发现时间来不及时，往往还剩一两道甚至两三道大题目，这时最忌讳的是按顺序在一道题目上花大量的时间去思考，采取的最佳做法应该是，每道题目中，将你一下子就能做出来的部分都做一做，这样花时间少，而且改卷子时是按步给分，你会在很短的时间内，得比较多的分。如果做完这些还有时间，再依次做相对容易的题目。倘若剩下的是想一时半会儿也做不出的题目，要学会放弃，将剩下的时间用来检查，将更有利于你得分。

4.冷静地应对意外情况

在考试过程中要妥善处理意外情况。比如思维中断，指的是在答题过程中，可能会忽然想不起任何东西，脑子里似乎一片空白。但是心里知道那些东西肯定是背熟了的，不应该一点也想不起来。这时候有的同学可能会很着急，就拼命地想，可是越着急，就越是怎么也想不起来，脑子里混乱一片。其实，这是大脑神经的暂时性抑制造成的思维中断，或是记忆信息的暂时遗忘。

一旦出现这种现象，应该怎么办呢？千万不能因为脑子里一时想不起来某一内容而焦虑不安，而应保持沉着冷静，然后可以尝试使用下面的方法来解决。

首先通过多种线索来帮助回忆有关内容。可以想想这些内容出现在课本里的哪一部分，与这些内容相临的是什么内容，老师讲授这些内容的情形是怎样的……通过从不同的角度来联想与这些内容有关的东西，将能够迅速恢复正常的思维过程，重新回忆暂时遗忘的内容。

可以暂时休息一下，使高度紧张的大脑神经平静下来后，再继续思考。这时你可以闭上眼睛，轻轻地揉揉眼睛，然后慢慢地做腹式深呼吸。在呼吸时，使自己的注意力集中在腹部上，使腹部随着呼吸而起伏，并且使腹部起伏的幅度达到最大，同时保持胸部平静。这样几次后就能达到放松，再继续答题。

也可以暂时放下这道题，先做别的题。当你把思路转变以后，大脑神经的兴奋点就得到了适时的转移，避免长时间固定在某一点上所产生的疲劳和抑制。思维中断是暂时的，并不是记忆信息的真正遗忘。只要大脑的思维过程恢复到比较清晰的状态，思维中断就会很快消除。

5.提前答完试卷要全面检查

考试时检查这一关是很重要的，而且要掌握一定的方法。

首先要检查有无漏题、笔误现象和因粗心导致的错误；其次要仔细琢磨解题的各个环节，审题是否准确、完整，特别是题目关键词及隐蔽条件；题型确立，解答所用有关概念、原理及方法是否正确，推理是否严密，合乎逻辑运算有无差错、论述有无遗漏点等等。另外，放松自己去检查，这样才容易检查出错误来。否则按原来的思路检查纯属浪费时间。当结果不对时，要把以前的思路摆出来，看是哪儿错了。对于计算题，如果时间允许，最好在另一张空白纸上验算，这样如果结果不同，可迅速发现错误所在，改正起来也较快。

除此之外，对不同题型可采用不同的检查方法。对选择题，可采用例证，举出一两例来能分别证明其他选项不对便可安心。对填空题，则要细心，计算也是要从头算过。对大题，一要检查审题；二要检查思路是否完整；三要检查数据代入是否正确；四要检查计算过程；五要看答案是否合题意；六要看步骤是否齐全，该添的添上；最后还要看看有无其他方法解题，也可换个方法再算一下，看结果是否相同。

科学用脑，让孩子的学习事半功倍

在日常生活中，我们常会发现一些“奇怪”的现象：有的同学整天手上不离书本，吃完饭就往教室跑，课间也不休息，晚上又“开夜车”，但学习成绩仍然不好，并且常常累得头昏脑涨，有些同学一下课便往外跑，课外活动时常活跃在足球场、篮球场上，班上、学校组织什么文艺活动，也常少不了他，这些同学“玩”的时间不少，但学习成绩不差。这种“怪”现象固然有很多原因，但会不会科学用脑是其关键的因素。

王升马上就要期末考试了，可是很多知识点他还没有记住。为此他决定开夜车，因为他认为像自己这样一天比别人多花五六个小时在学习上，学习成绩就会上去了。在这种高强度的学习下，王升发现自己每天都很累，注意力没有原来集中了，记忆力也下降了。

一天上课，他觉得自己实在有些撑不住了，就打起了瞌睡。他知道这样不好，就用尖东西刺自己，可还是抵挡不住睡意。老师发现后让他站着听课。站了一节课之后，王升才感觉自己又清醒了一点。

妈妈知道王升的情况后，就对他说，这样叫过度用脑。睡眠时间达不到要求，大脑只能处于超负荷运转状态，学习效率就会下降，当然更不用说学习成绩的提高。

孩子学习时用脑一定要科学，才能够让自己用最佳的脑力来投入到学习当中。大脑是一个很神奇的器官，长期不用就会“生锈”，但是如果用脑超过了一定限度，也会适得其反。保持大脑皮层最适宜的紧张度，才是对脑的保健有益的。

学习离不开大脑，如果可以实现更科学的用脑，就可以让大脑更充分地发挥效用，使学习达到事半功倍的效果。科学用脑对于孩子的学习而言也非常重要。如何来更好地维持大脑健康呢？最重要的一点就是适度用脑，做到劳逸结合。

1.不宜长时间地使用大脑

心理研究发现，健康儿童连续用脑30分钟，血糖浓度在120毫克以上时，大脑反应快，记忆力强，连续用脑90分钟，血糖降至80毫克，大脑的功能尚正常；连续用脑120分钟，血糖降至60毫克，则反应迟钝，思维能力较差；连续用脑210分钟，血糖就会降至50毫克，这时就会头晕、头痛、会暂时失去工作能力。因此，不宜长时间地使用大脑。一般认为，一次做功课或看书学习的连续时间不宜超过1小时。

2.注意劳逸结合地用脑

孩子在学习的过程中，一定要注意劳逸结合。在平时的家庭生活中，可以体力劳动和脑力劳动穿插着进行。比如在学习后，感到大脑有点儿疲惫时，及时地作调整，听听音乐、干干家务，让大脑能够得到更好的恢复，然后再继续学习。

3.注意左右半脑的协调运用

孩子的左右半脑所分管的领域是不同的，父母要让孩子平时注意左右半脑的协调使用。这样能够更好地开发大脑，让各项潜能得到充分的发展。如果孩子长期不用或少用哪一个半脑，这个半脑所主管的能力就得不到锻炼，处于偏废状态。要想孩子能够更科学地用脑，就要注意到左右半脑的协调使用。

4.充分利用“最佳用脑时间”

每个人每一天都有最佳的用闹时间，有的孩子早晨脑子特别灵敏，记忆力最好，而有的孩子则晚上头脑最清醒，学习效果最佳。我们应了解并充分利用孩子的“最佳用脑时间”，以提高孩子的学习效果。

5.鼓励孩子积极参加体育锻炼

父母要鼓励孩子积极参与体育锻炼，这是一种积极的休息，可以使大脑得到很好的放松，能够很好地调节大脑。孩子平时学习紧张，脑细胞处于过度消耗的状态，参与体育锻炼能够促进血液循环，使脑细胞得到更多的氧气和营养，增强脑功能，从而更利于孩子的学习。

6.保持充分的睡眠

睡眠是大脑的主要休息方式，充分睡眠才能使人脑消除疲劳，保证大脑正常工作。因此，我们应安排好孩子的睡眠时间，应使孩子睡得足，睡得好，且不让孩子“开夜车”，以免影响孩子的健康。

7.在保证营养的前提下不宜吃得过饱

用脑需要足够的营养，所以，多数家长总是想尽办法给孩子补充营养，一日三餐，总催着孩子多吃些，甚至将一些食品“强压”给孩子。学习虽然费脑伤神，需要增加营养，但如果吃得太多，反而会影响大脑的功能。因为学习时需要体内为大脑输送足够的氧气，如吃得过多，供应胃肠道的血液就会增加，供应大脑的血液则相对减少。另外，吃得过饱不利于体内缩胆囊素的释放，分泌缩胆囊素的腺体在肠道上部，当大量的食物进入肠道时，该腺体便被食物掩盖起来，释放减少而影响记忆。

让孩子掌握科学的记忆方法，提高学习效率

记忆，是学习的重要环节，是巩固知识的重要手段。科学记忆，有利于提高学习效率，有利于加速知识积累。如果家长想要孩子提高学习效率，加速知识积累，就要让孩子学会科学地记忆。

记忆力是人脑的记忆能力，是人脑对于已知的经验、知识、心理体验和各种社会活动的识记。学习任何科学知识，都离不开记忆，而学习的最大障碍莫过于记忆力差。较强的记忆力能够迅速地、准确地、持久地掌握学习过的知识和技能，也能比较好地理解、运用这些知识和技能。

记忆是孩子智力潜能开发过程中的重要手段。一切智慧的根源在于记忆。没有记忆，人就无法学习和生活。记忆对孩子尤为重要，孩子需要依靠记忆吸取知识、运用知识。对学过的知识没有记忆就无法积累知识，也很难学懂新知识。因为孩子所学的知识都是系统的、有联系的，对前面所学的概念、公式、定理、法则没记住，后面的知识就很难理解和掌握。从这一点说，理解和记忆是相辅相成的，记忆要在理解的基础上记忆，反过来，没有对旧知识的记忆，也很难理解新知识。

在2006年的脑力锦标赛上，郭玉峰以20项比赛第二的成绩获得亚军。这些项目包括：在1小时内记住2000个无规律的阿拉伯数字、15秒记住100个姓名和面孔的对应关系、30秒记住一副扑克牌的顺序……

郭玉峰说，他并不是记忆天才，过去，他也只是个成绩平平的学生，常为背单词而烦恼。后来他通过记忆锻炼，不断在理解的基础上，找出记忆内容的特点来记忆，练就了超强的记忆本领。

可见，让孩子学会记忆的本领不是实现不了的梦想。日本教育界提倡的一句口号是："要思考，不要死记硬背！"这里所说的思考，指的是理解。正如一句格言所说："若要记得，必先懂得。"因为理解是记忆的前提和基础，因此理解记忆法是最基本、最有效的记忆方法。

身为父母，要让孩子注重"先理解再记忆"这一细节，不要计较理解所花费的时间，要知道如果理解了，记忆起来往往事半功倍。在生活和学习中，经常有许多事物和知识应该被孩子记住，但是孩子却没有记住。其原因往往是由于没有掌握记忆的方法，忽略了对本质的理解造成的。

孩子记忆力差直接影响学习成绩，还可能导致他产生自卑情绪。但父母也不必太着急，因为孩子记忆力通过后天训练是可以提高的。

科学研究表明，人的大脑只有很小的一部分被开发利用，大部分脑细胞还没有利用起来，也恰恰说明人的记忆潜能还有很大的开发空间。而且13岁之前是一个人一生之中记忆力最好的年龄段，如果这段期间，父母不给孩子正确引导的话，他大部分记忆则是在无意识中获得的，孩子背广告词就是一种无意记忆的表现。

孩子记忆力的好坏很大程度上取决于记忆方法。因此，为了提高孩子的记忆力，父母一定要在记忆方法上下功夫，加强孩子这方面的训练。

1.科学用脑

在保证孩子营养、积极休息、进行体育锻炼等保养大脑做法的基础上，让孩子科学用脑，防止过度疲劳，保持积极乐观的情绪，能大大提高大脑的工作效率，注意力要集中，学习时不能精神涣散，这是增强记忆力的关键所在。

2.让孩子对记忆产生兴趣

兴趣是学习的老师，孩子对感兴趣的东西往往表现出很强的记忆力。父母想要激发孩子对记忆的兴趣，首先应给孩子创设一个轻松温馨的氛围，让孩子在精神放松的状态下进行记忆，这样不仅记得快，而且记得牢。因此，父母应该想办法诱导孩子开心地去学习。同时，父母也可以教孩子一些记忆的办法，把枯燥无味的知识进行特殊加工，从而变成感兴趣的东西来记。

3.教孩子一些有效的记忆方法

父母在日常生活中应该有意识地给孩子安排一些有利于增强记忆的刺激，培养记忆的能力。下面是几种提高孩子记忆力的方法：

（1）谐音记忆法

谐音是记忆的窍门。在记忆过程中，我们可以把某些零散的、枯燥的、无意义的识记材料进行谐音处理，以形成新奇有趣、富有意义的语句，这样就容易记住了。例如，马克思出生和去世年代分别为“1818年”和“1883年”，可运用谐音记做：“一爬一爬，一爬爬山。”

（2）联想记忆法

联想是由于两个或几个刺激物同时或连续地发生作用而产生的暂时神经联系。简单来说，联想就是头脑中从一事物想到另一事物的心理活动。

有一位同学说，他很快就记住了他从网上购买产品的订单编号：1000769373617。大家问他是怎样记的，他回答说，这组号码表面看毫无意义，但把它们分解成几个部分，并与自己所熟知的数字挂钩起来，就容易记住了。比如这组数字，100076是他家所在区域的邮政编码，937又恰恰是他附近的公交车次，他家的车牌号是3617。几组数字一连起来正好是1000769373617。

（3）交替记忆法

长时间单调地记忆某一门知识会使大脑产生疲劳，效果也不好。如果采取交替记忆的方法就能够有效地延长记忆的时间。例如，用脑和体育活动交替进行，这种交替记忆方法能提高记忆的效率。

（4）形象记忆法

孩子的思维喜爱具体的形象，有非常强的直观性。所以，家长在帮助孩子记忆的时候，可以用图像、模型、照片或放影碟等能够提供形象的方式，来帮助孩子在较短的时间内记住知识。

（5）协调记忆法

协调记忆也就是调动多种感觉器官一起行动。比如让孩子的脑、眼、手、口、耳和鼻，接受同一种对象的刺激，使孩子大脑皮层的各个相应区域一齐兴奋起来，建立多种方面的信息联系。这样，相联系的通路多了，大脑皮层就能留下特别深的“痕迹”，孩子的记忆就会更加牢固。

（6）兴趣记忆法

因为兴趣能使孩子集中注意力，吸引孩子对事物认真地观察和积极地思考。另外，良好的兴趣和情绪状态能够激发脑肽的释放，脑肽对人的记忆和学习有着重要的作用。

（7）口诀记忆法

对某些知识编成朗朗上口的歌诀，能有效地记忆，如二十四节气，人们编成“春雨惊春清谷天，夏满芒夏暑相连，秋处露秋寒霜降，冬雪雪冬小大寒”来记忆。这在各门学科中的应用亦复不少，还可以自己去创造。

（8）早晚记忆法

因为夜晚环境安静，注意力容易集中，有助于接受信息，加深印象。早上经过了一夜的休息，头脑比较清醒，接受信息、印象也比较清晰，同样也容易记得牢。不过早晨记忆，短期的效率比较高，从长期来看，效果不是很好。所以，家长在培养孩子的记忆力的时候可以根据孩子的具体情况，科学地安排时间。

4.鼓励孩子尝试不同的记忆方法

孩子需要记忆的知识五花八门，不是用一种记忆方法就能全部解决的。父母应当鼓励孩子多尝试不同的记忆方法，能收到事半功倍的效果。

5.遵循记忆规律，及时复习

记忆与遗忘是对立统一的，人的遗忘是有规律的，表现为最初遗忘得较快，几天后会重新想起来，以后逐渐慢慢地遗忘。因此，在遗忘之前，家长必须要提醒孩子及时地复习，以便提高记忆的持久性。首先要有简练的复习提纲，依纲复习，纲举目张；其次要将及时复习、集中复习、分散复习相结合。

6.与孩子展开记忆比赛

当孩子记不住某些知识，父母可以和他展开比赛，看谁能先记住。比赛能激发孩子的斗志，而如果父母赢了，再把自己的记忆方法介绍给孩子时，孩子会十分容易接受。

7.对孩子的独创性给予奖励

当孩子创造出自己的记忆方法，父母应当给予奖励，以鼓励孩子继续探索。孩子的创造往往更适合自己的实际情况，效果也会更好。

8.综合各种记忆方法的长处

父母可以让孩子尝试着综合多种记忆方法，创造出最适合自己、适合某类知识的独特方法。这能让孩子的记忆过程充满创造性，同时也充满乐趣。

妙用生物节律，让学习时间发挥最大效益

什么是生物钟？生物钟又称生理钟。它是生物体内的一种无形的“时钟”，实际上是生物体生命活动的内在节律性。科学研究表明，有生命的物体，其生理，其行为，会随着定的时间做周期性的变化，人也是如此。在日常生活中，几乎每个人都有这么一种感觉，有时体力充沛，情绪饱满，精神焕发；而另一些时间，又感到浑身疲乏，情绪低落，萎靡不振，这种表现人体随着时间作周期变化的各种行为的、生理的心理现象，叫人体生物节律，也叫人体生物钟。

很多研究报告指出，按照人的心理、智力和体力活动的生物节律，来安排一天、一周、一月、一年的作息制度，不仅能提高工作效率和学习成绩，还能减轻疲劳。经过专家的实验证实：学生的考试成绩和他本人的生物节律有着十分密切的关系。他们发现：成绩好的学生如果考试时生物节律处于高潮期（尤其是智力节律），就能考出理想的成绩，甚至超水平发挥；反之，如果在临界期或低潮期，成绩或多或少就要受到影响。成绩一般的学生，生物节律对他们的影响更显著，高潮期可能考出较好的成绩，而低潮期或临界期则可能考出较差的成绩。而生物节律对成绩很差的学生影响不显著。这可能是因为这些学生平时基础太差，即使处在生物节律高潮期，他们也拿不出东西来“发挥”的缘故。

这些规律告诉我们：对于孩子的考试成绩，应该正确对待，因为孩子考不出好成绩有时并不是他没有努力，应该宽容他。另外，既然生物节律

变化会影响学习成绩，那么，父母们就可以遵循规律，指导自己上初中的孩子更有效地学习。

以前，陈坤在学习上总觉得很吃力，他学得很认真可就是成绩上不去。父母认为他没有掌握学习规律，不懂得利用生物节律来学习。于是给他看人在一天中体力、情绪、智能的节律周期图，希望他根据生物节律来找到学习的黄金时间。

现在，陈坤利用每天早晨8点前的时间记忆新东西，8～11点做一些创造性思维的学习活动，比如做一些需要进行严谨、周密思考的习题，完成需要较强信息处理能力的学习任务。晚上6～8点用来复习当天所学的功课，记忆和整理笔记，临睡前对所学内容进行一遍回忆。父母让他每天坚持按生物节律来学习，还要求他按时睡眠，绝不熬夜，注意每天的饮食营养。每天中午坚持午睡。这样一来陈坤的学习生活有规律了，觉得学习不再辛苦，而且成绩开始不断上升。

父母让孩子按照生物节律来学习，可以起到事半功倍的效果。找到孩子学习的黄金时间，可以让孩子在最短的时间内掌握所要学习的知识。父母都希望孩子能够学得轻松又学得好，这并非不能实现的事情。如果孩子按照自己的生物节律，找到学习的黄金时间段，就可以既学得轻松又学得好。

生活中，有些孩子往往忽视“生物钟”的存在，把“头悬梁，锥刺股”当作成才的唯一途径，晚上“攻关”到一二点，由于生物钟作用，智力下降，使效率显著下降。第二天整整一个上午昏昏沉沉，始终达不到最佳智力状态，午后和黄昏又加紧学习，无奈已进入智力低潮， 影响晚上的学习效率。如果长期破坏“生物钟”规律， 不可避免地会导致失眠和神经衰弱。每年高考前，总有一些考生由于神经衰弱而无法考试，每年大学新生入学后，又总有一些学生因神经衰弱而休学，这是需要认真记取的。“悬梁刺股”，其实就是和生物钟规律作“顽强斗争”，短时间作用一下，还可以有点功效，长期使用就要付出高昂代价。

在学校，往往可以发现一些刻苦的学生，成绩平常；一些蹦蹦跳跳的学生，反而成绩优秀，人们往往认为前者笨而后者“天分高”。其实，这和“生物钟”规律很有关系，前者由意志控制学习时间，经常破坏生物钟规律；后者往往比较任性，困了就休息，精神来了就学习，较好地利用了智力高峰。

学习成绩是和高效率的学习时间成正比例的。因此，有心的父母要善于发现自己孩子的生物节律，指导孩子按自己的生物节律规律来安排学习。

1.让孩子了解什么是生物节律

有些时候，孩子学习感到吃力，其实是没有弄清楚自己的生物节律。父母要让孩子了解，在人的一天之中，什么时候是做缜密的逻辑思维最佳时机，什么时候可以用来运动，什么时候用来记忆，什么时候用来休息。现在生物科学在这方面的研究已经比较详细具体，孩子可以先了解一般规律，然后根据自己的实际情况作相应调整。

6时～8时：对一般人来说，疲劳已消除，头脑最清醒，体力也充沛，是学习的黄金时段。可安排对功课的全面复习。人的记忆力最好，最适宜进行背英语单词等记忆性的学习工作。

8时～9时：此时人的耐力处于最佳状态，正是接受各种“考验”的好时间，可安排难度大的攻坚内容。

9时～11时：此时短期记忆效果很奇妙，对“抢记”和马上要考核的东西进行“突击”，可事半功倍。

13时～14时：此时，人很容易疲劳，夏季尤其如此。因此应适当的休息，或者听听音乐，以便养精蓄锐。人体需要休息，这是午睡的时候。

15时～16时：休息调整后精神状态较好，此时长期记忆效果特棒，可合理安排那些需“永久记忆”的东西。

17时～18时：进行复杂计算和有难度作业的好时间。

18时～21时：是人体长期记忆的最好时间，也是学习的黄金期，可以安排孩子完成作业，进行复习和预习。

2.定期计算或咨询孩子的生物节律

作为父母，只有清楚孩子的生物节律运行情况，才能给他有益的指导。因此，应当定期计算或咨询，标记好孩子的生物节律运行状况，特别是了解孩子考试前后的生物节律值更为重要。生物节律是无法改变的，如果父母计算出孩子考试时的生物节律正处在低潮期或临界期，那么，前些日子肯定是高潮期，正确的做法是让孩子在高潮期抓紧时间学习，“趁热打铁”把功课复习好。临近考试时，不必多费时间加班加点，而要做一些比较轻松的事，比如听听音乐，进行适当的体育活动，保证充分的睡眠时间和足够的营养，努力以良好的精神状态和顽强的拼搏精神去迎接考试，照样可以考出好成绩。

制订学习计划很重要

日本心理学家田崎仁曾说：“一个人如果掌握了按计划学习的好习惯，对于将来升学就业，以后的学习和工作都是非常有益的……在学习方法上一旦养成了坏习惯，学习就会事倍功半。” 可见，一份理想的学习计划能帮助孩子明确学习目标、合理安排时间、增强学习的自觉性和积极性、提高学习效率。

学习是一个漫长、艰辛的历程，如果做事之前心中没有清楚的打算，在学习过程中就容易产生倦怠感，甚至对学习产生抵触心理。很多学习优秀的孩子都会给自己制定一份可行的学习计划，虽然计划赶不上变化，但是如果孩子能够努力去按照计划去学习的话，就一定会有所长进。

林颖的女儿叶青青学习成绩一直不理想，为此她没少操心，因为女儿已上初三了，如果学习成绩再上不去，将来想上重点高中就没希望了。

一个偶然的机会，林颖听同事说他的儿子考上了重点大学，全得益于从小学开始，在每学期开学前都制订一个学习计划的缘故。于是，林颖也决定帮助女儿制定一个学习计划，因为叶青青从小学到初中就从未制定过类似的学习计划书。

林颖把自己的想法告诉了女儿，女儿很是高兴。在妈妈的帮助下，青青制定了一份学习计划书。计划书如下所示：

1. 学习目标。

（1）继续发挥英语的特长，参加英语兴趣小组，并参加全校的英语竞赛，在上学期英语成绩在班上名列第9名的基础上，争取超越4个人，进入前5名。

（2）物理成绩一直不理想，自学时要向物理倾斜，争取使物理成绩进入班上前15名。

（3）化学成绩虽然一直处于中上等，但是在实验课上动手能力不强，因此在以后上实验课时要主动配合老师和同学做实验，用心记录实验现象与数据，争取使化学成绩提升到班上前5名。

（4）语文成绩虽然是强项，但不能掉以轻心，要加强阅读和理解记忆，并保持班上前5名的成绩。

2. 具体措施：

（1）每天晚上抽出40分钟学习物理，并做一些练习题；

（2）每天早上读50分钟英语单词，增加词汇量；

（3）星期六上午用一个小时预习化学；

（4）星期六下午去图书馆看课外书。

学习计划书制定好后，青青便按照计划去学习，除特殊情况以外，她都能按照计划执行。学期结束时，她的成绩果然有了显著提高，各门功课都达到了预期的目标。

很多孩子成绩差、学习被动，一般都是因为孩子没有合理的学习计划。改变孩子的这种状况并不难，最简单的方法就是协助他们制订一个切实可行的学习计划。一个切实可行的学习计划，可以明确地告诉孩子具体时间应该做哪些具体事情。

对孩子来说，学习计划是实现学习目标的导航图，每一个想把学习搞上去的孩子，要做出的第一个实际行动，就是制定一个切实可行学习计划。有了学习计划，孩子就会时时提醒自己，多玩一个小时，多聊一个钟头，将会完不成计划上的某项任务，根据学习上循序渐进的原则，将使整个计划中的许多任务受到影响。所以，这样可以促使他们非常得珍惜时间，不会随便地浪费时间。

有了学习计划，孩子对什么时间做什么事就会非常明确，不用临时动脑筋、费时间去想了，而缺乏计划性的孩子，一旦坐下来，还要为该干什么事考虑半天，尤其在完成了作业以后，这种现象就更为明显，因此会造成很多宝贵时间的浪费。所以，切实可行的学习计划有利于学习目标的实现，可以磨炼学习意志，有利于好的学习习惯的养成，还可以减少时间的浪费。如果你想你的孩子把学习搞好，就应该针对实际情况帮孩子制定一个长远的学习计划。

下面是一位中学生的学期学习计划，供家长和孩子参考：

目标：

1.战胜自己的“小马蹄坑”毛病，不与人计较小事，得理也要让三分。

2.扬英语之长，除参加英语竞赛之外，还要在去年市竞赛第十名的基础上超越四个人，争取明年进入前六名。

3.补物理之短，物理成绩也要争取进入班级前几名。

4.年组个人排名要从期末的第七名，进入总分前三名。

5.参加校运动会，百米长跑项目要超越去年，进入前五名，为班级挣分。弱项铅球要加强训练，不能让它拖体育总成绩的后腿。

措施：

再看两遍《周恩来传》，学习总理的博大胸怀，经常看自己座右铭上的话：“比海洋更宽阔的是人的胸怀”。

除参加学校英语兴趣小组学习外，自己每天晚间多拿出一段时间学习英语，做《英语辅导报》上的习题。

物理成绩不理想，不是因为它难，而是因为自己觉得物理好学，便没有重视，以致该记住的物理公式有的记得不准确。本学期强化记忆，多做物理习题，进入班级前10名还是有把握的。还要认真整理“物理错题本”。

上学期年级排名第一名的是295分，而我的成绩是270分，主要差在物理学科，物理我只得了75分，其中有15分是马虎，5分题是属于记忆不准，纯属不理解的只有5分。应加强记忆，做题再认真些，三项丢分拿回来，一定会有进步。另外，我的英语是强项应发挥优势，化学需要记忆的知识多，与英语有相通之处，这些都对我有利。再争取用空闲时间多往后自学，学得多了，回头再看旧知识便学得容易，这样进入年级前30名把握还是比较大的。

每天下午班级长跑我争取和刘洋、李智组成一个小组，跑完班级规定500米，再多跑100米，这样训练量比运动量多，比赛时，进入前三名的可能性就大了，去年我第六名，今年练好了，还可能取得第二名。除跑步外，还要认真做操，每节课前都要全身心地唱歌。学习要取得好名次，没有好的身体做基础，将是很困难的。

时间分配：

上学期数学所用时间过多，实际用于物理的时间，不过是全部学习活动时间十分之一，本学期要把物理所占时间增至五分之一，数学稍降一些；语文、英语、化学、历史、地理、生物等个科目都要根据自己的水平进行调节。

从上面的这个计划内容可以看出，这个同学是一个学习特别有计划性的学生，他把学习很科学地进行了分配，家长在帮助孩子制订学习计划时也可以借鉴这位同学的经验。

每位父母都希望自己的孩子在学习方面有好的表现，可是如果孩子上课认真听讲，认真完成作业，成绩依然平平，你就应该看看孩子是否该制订合理的学习计划。没有计划，学习就失去了主动性，容易出现东抓一把西抓一把毫无头绪的现象，以致生活涣散，学习没有规律，不知道自己每天应该具体做些什么。日子往往就这样浑浑噩噩、稀里糊涂地过去了。而一份科学的学习计划表，白纸黑字，能对孩子起到督促的作用。想让孩子主动自发地学习，就先从一份学习计划表开始吧。

1.计划一定要结合孩子的实际情况而定

孩子的学习计划一定要符合他的能力和特点，父母不能从个人好恶出发，更不能照搬别人的计划，而是要根据孩子的学习水平、专注力等情况，与所制订的目标相适应，只有这样才能取得理想的效果。

另外，计划是需要执行的，一定要由孩子自己来制订。家长可以与孩子一起讨论，但最终的决定权一定要交给孩子。让孩子觉得这不是家长强迫自己在学，这是自己对父母许下的承诺，一定要努力完成，不让父母失望。

2.监督孩子学习计划的执行情况

很多孩子都有这样的体会：定计划容易，执行计划难，到最后所定的目标很难达到。

陈琴上中学了，为了让她更好地投入到学习中去，父母督促她制订学习计划。她的计划是每天提前半小时起床，先读半小时的英语；放学后赶紧回家，先做完作业，如果有时间可以休息或看电视，吃晚饭后要预习第二天的功课。

刚开始几天，陈琴按照这个计划做得很好，但是后来陈琴慢慢就放松了对自己的要求了。

她回家就想看电视，做作业的时候总想着电视，早上又想多睡一会儿。因此，每周的学习计划和学习任务总是无法按时按量完成。

制订了学习计划以后，孩子能不能很好地执行是关键。孩子缺乏坚韧的意志力，一遇到困难便很容易放弃自己的学习计划，因此，父母应该时刻监督孩子学习计划的执行情况。

对于孩子在执行学习计划过程中出现的问题，父母应该及时向孩子提出来，并且给他们提一些可行的建议。如果孩子在执行过程中出现懈怠时，父母应该及时鼓励他们坚持下去。

3.学习计划不宜过满

一些父母对孩子要求很高，把他的学习计划制订得满满的，导致孩子几乎没有玩耍的时间。其实，要求过高会导致孩子难以执行，让他出现“望而怯步”的心理。即使他勉强落实了，也很难达到理想的效果。

一位妈妈帮14岁的女儿制订了很多学习计划，可是女儿的成绩一直不理想。一次，妈妈走进女儿的房间，发现她竟然趴在桌子上睡着了。这时，妈妈才发现对女儿要求太严格了，以至于都没有玩的时间了。妈妈帮女儿修改了计划，在计划表中加入了玩的时间。后来，女儿的成绩有了明显提高。

可见，父母在协助孩子制订学习计划的时候，一定要给他安排玩的时间，同时也要考虑孩子的实际情况，不可想当然。

4.培养孩子及时调整学习计划的好习惯

小岩是一名初二的学生，本学期他给自己制订了严格的学习计划，可不幸的是，他在一次滑冰的时候不小心把脚扭了，在家里躺了一个礼拜。他面临的最大问题就是怎样能在病好后跟上学校的进度，不要越落越远。

小岩躺在床上十分着急，原来的学习计划肯定不能继续用了。他一咬牙，下决心，拼了！他决定自学，把教材、参考书和习题集摆在床边，一门一门地攻。先读教材，再看参考书，最后做题。他想，上课学习的目的也不过是为了做题，只要能把题做会了在家里自己学也一样。

结果，他的这种自学方式比在学校听讲的效率还高。在学校，老师要照顾到水平不同的同学，讲的进度就不会太快，有时候他明白的问题老师会翻来覆去讲，有时候他没听懂的，老师反而一笔带过。自学就不一样了，注意力更集中，学习的兴趣更浓，效率更高，时间当然也就更充足了。结果，他不光把习题集的相关题目都做了一遍，对那些做错的题目还能从头再做一遍，直到做会为止。对于实在想不通的问题，他会记下来，晚上给同学打电话请教。病好之后，别的同学要帮他补课，他摇摇手说："不用，我已经都学了。"到测验一看，他的名次不但没有下降，反而上升了。老师让他介绍经验，他说："非常感谢这次生病，让我学会了自学，我这才知道学习能有这么多的乐趣。"

俗话说得好：计划赶不上变化。人是活的，计划是死的，当实际情况出现了变化，根据需要及时调整计划，也是十分必要的。当学习成绩出现了偏科，就应该花更大的力气来弥补自己的不足；当因为生病等原因无法保证学习时间，也应该对学习计划进行调整，尽快把落下的科目补上；当计划执行到一个阶段以后，需要检查一下学习的效果，并对原计划中不适宜的地方进行调整，一个新的更适合自己的计划将会使今后的备考更加有效。

教孩子科学合理地利用时间

“最浪费不起的是时间”，这是著名美籍华人物理学家丁肇中先生的名言。时间对于每个人都是公正的，也是无情的，它去了就不会再来。我们应该如何指导孩子把握时间的钟摆去迎接人生的辉煌呢？最要紧的就是要学会合理地利用时间。

李洋是一名初二的学生，还有两个月就要会考了，所以他每天刻苦学习，早晨起得很早，然后开始晨读，晚上吃过饭后就把自己关在书房里，一学就学到十一点。

但是，在学校组织的一次摸底考试中，李洋的成绩不但没有上升，反而下降了。妈妈非常着急，不明白这是为什么。于是，妈妈决定利用几个晚上的时间，亲自观察一下李洋学习的情况。

很快，妈妈就发现了问题的症结所在。原来，李洋每天晚上都要学习语文、数学、英语、政治、物理、化学等几门课程，但是，他的随意性太强，想看哪本书就看哪本书。有时候，李洋拿起数学书做几道练习题，如果遇到难题，不知道怎么解答了，他就会放下数学书，拿起语文书，如果觉得语文书太枯燥了，他就会又换成英语书……好像每一科都看了一些，其实都只是略知一二，实际的收获却非常少。

针对李洋的情况，妈妈神秘地说：“儿子，妈妈想到了提高你学习成绩的好办法。”

李洋高兴而又惊讶地问：“什么好办法啊？”

妈妈耐心地说：“就是每天晚上安排一下自己学习的功课，比如，今天要看哪门功课，看哪些内容，大约看多长时间，等等。有这样一个大概的时间安排，你就会有进步。”

李洋疑惑地说：“真的吗？那我试一试吧！”

于是，李洋按照妈妈说的做了。几个星期后，在学校组织的第三次摸底考试中，李洋的成绩果然上升了，学习也不像以前那么累了，学习效率也有了明显的提高。

虽然李洋每天刻苦学习，但是却没有收到好的学习效果，有教育敏感度的妈妈通过细心观察，找到了原因，并针对这个原因，帮助李洋提高了学习成绩。

可见，学习的效果与学习的时间长短并没有必然的联系，并不是说学习时间长，学习的效果就一定好，学习的成绩就一定会提高，关键在于孩子是否懂得合理利用时间。

对于孩子而言，时间是非常宝贵的，但是他们还不具备合理利用时间的能力。因此，我们必须帮助孩子充分利用有限的时间，指导孩子学会管理时间，这样才能提高孩子的学习效率。

父母要善于给孩子提出合理地建议：

1.充分利用白天的学习时间

白天是一天中最宝贵的学习时间，这是因为白天精神状态最好，记忆力最强，思维最活跃，白天一小时的学习效率相当于夜晚的一个半小时。家长可以告诉孩子，每天上课前在头脑中制订一个简单的学习计划，给自己订一个小目标，这样听课就会更有针对性，效率也会更高。课前把课本和学习资料准备好，对所学知识做一下简单预习，上课重点地听预习中不懂的地方。还有，不要只注重整段时间而不把零碎的时间放在眼里。“不积跬步，无以至千里”，抓紧零碎的几分钟，长期积累下来会有惊人的效果。灵活利用挤出来的时间，如课前、课后、乘车时间来记几个英语单词，背一些美文，完成一些学习上的小任务，可以把大块的时间留给课外的提高练习。

2.合理利用课外时间

课外学习要为课堂学习服务，分清各项学习任务的轻重缓急，防止“捡了芝麻，丢了西瓜”。可采用分级法，将学习任务按轻重缓急分为I（重要）、II（次要）、III（一般）三类。重要的学习任务要优先安排时间，如当天的作业和课堂知识的复习与巩固；次要的事情，包括课外阅读或预习等，可随后处理；一般的事情，如超前自学新的课文，可以按照所剩时间的多少来灵活处理。如基础很差，就不必急于去加做什么课外补充练习了，应该把主要精力放在巩固所学知识和弄懂课本内容上。但如果课下作业很轻松就完成了，就该多做一些提高能力、发散思维、拓展延伸的课外题。

另外，家长还要告诉孩子，做作业时要调整自己的状态，尽量使大脑、体力、情绪处于最佳状态，这样才会有效率。要尽量避开情绪低落、无精打采的不利时间。在头脑最清醒、记忆力最好的时段，安排记单词、背课文或做一些有代表性的数学题；在情绪低落、记忆力减退和精神不集中的时段，就要安排难度不大且自己感兴趣的活动内容，如听听英文歌曲、看一些小故事等，或者干脆闭目养神休息一下，等精力旺盛的时候，再坐下认真学习。

3.在时间安排上要注意劳逸结合

在时间安排上要注意劳逸结合，正如孔子所说的“一张一弛，文武之道也”。在学习时间安排上，有一个著名的公式：$8-1>8$，意思是从8小时中拿出1个小时进行体育运动、娱乐或休息，表面上只学习了7个小时，但由于精力充沛，其效率远大于连续不断地学习8个小时。这也就是我们常说的学习要注意劳逸结合。在学习感到大脑乏力，精力不集中，有厌倦情绪时，就要停下来，休息一下，做一些文体活动，这样才能使自己头脑保持清醒，以充沛的精力完成下一个学习任务。

4.充分利用好零碎的时间

有人说，时间往往不是一小时一小时浪费掉的，而是一分钟一分钟悄悄溜走的。著名的海军上将纳尔逊，曾发表过一项令全世界懒汉瞠目结舌的声明："我的成就归功于一点：我一生中从未浪费过一分钟。"军事家苏沃格夫也表示过："一分钟决定战局。我不是用小时来行动，而是用分钟来行动的。"其实他们的成功就在于珍惜零碎时间，懂得注重这一细节。

然而，懂得珍惜零碎时间，并不意味孩子能够合理运用零碎时间。身为父母，既要让孩子注重利用零碎时间，还应教会孩子科学运用零碎时间。

李琦是个很勤奋的孩子，无论在学习中，还是在生活中，爸爸总是看他学个不休、忙个不停。有一天，爸爸在李琦身上发现了一个问题。

那一天，爸爸叫李琦帮忙沏壶茶，但是没茶叶，李琦还必须去买茶叶。爸爸知道烧壶开水需要15分钟，到楼下买包茶叶要10分钟，准备茶具、泡茶需要3分钟。这些时间加起来要28分钟，但是如果孩子懂得统筹时间，那么就能缩短所用的时间。

但是李琦不会统筹时间，他先买来茶叶再准备茶具再烧水，最后花了半个小时才把茶沏好。当他把茶端给爸爸时，爸爸认真地指出了这一问题，爸爸说："李琦，你勤奋，懂得利用零碎时间，这一点很好，爸爸要表扬你。可是你知道吗？刚才你沏茶，其实不用花那么多时间，你可以烧上开水之后，再去买茶叶，回来后准备好茶具，这样花15分钟就可以了。"

李琦从爸爸的话中深受启发，从那以后他开始学会统筹时间，巧妙地利用零碎时间，提高学习和做事的效率。

利用零碎时间，看似是一件不起眼的小事，却蕴涵这么多奥妙。父母有必要把这里面的学问告诉孩子，让孩子明白时间是有限的，但是只要懂得运用时间，就能在有限的时间内，做更多的事情。

俄国历史学家雷保克夫说："时间是个常数，但对勤奋者来说，是个复数。用'分'来计算时间的人，比用'时'来计算时间的人，时间多五十几倍。"对于孩子而言，一天之中除了几大块完整时间外，还有许多零星时间，如饭前饭后、课前课后、睡前睡后以及课余时间。因此，我们要教孩子学会利用零碎时间，比如，孩子等车的时候，可以背诵课文、公式、单词；孩子放学回家的时候，可以观察事物，思考问题；孩子晚上睡觉前，可以回忆当天学习的内容和知识等等。

第六章　7～8年级，孩子健全的素质比高分更重要

扛起责任，让“菜鸟”成长为“飞鹰”

责任是一种与生俱来的使命，它伴随着每一个生命的始终，我们从有认知开始就有很多责任。我们不仅对自己负有责任，还要对别人负责，对集体负责任，对国家负责，对社会负责。

责任心是一个人立足社会、获得事业成功至关重要的人格品质。一个有着强烈责任感的人会勇敢地承担起自己对父母、对他人、对社会的责任，他们会尽最大努力把应该办的事情办好；而一个没有责任感的人则会逃避自己的责任和义务，容易随波逐流，无所事事。

责任心是孩子健全人格的基础，是能力发展的催化剂。现在许多父母过重地注意孩子的智力和身体的发展，对孩子的责任心的培养却不大重视，这对孩子的成长成才不利。在大力提倡素质教育的今天，家长应用自己的爱心、耐心和智慧去培养孩子的责任心。

在日本的任何一所学校，如果有孩子在校园里看到地上有垃圾而没有及时捡起来，面对老师的询问，他如果分辩说：“不是我扔的”，或是说“没有看到”而替自己开脱“清白”的话，将会受到更加严厉的惩罚，因为校方认为：垃圾在你附近，你就有责任将它捡起来。正确的做法是：赶快将它捡起来，并道歉说：“对不起，这是我的责任。”

责任心是促使孩子向上奋进的内部动力，是孩子赢得成功的催化剂，培养孩子的责任心是孩子成长的必修课。

责任心是孩子健全人格的基础，是能力发展的催化剂。只有具备一定的责任感，人才能自觉、勤奋地学习、工作，做各种有益的事情，掌握各种技能，孩子必须从小培养责任感，以便长大后能快尽适应社会，照顾家庭，完成本职工作，尽自己的义务，从而成为优秀人才。在大力提倡素质教育的今天，家长应用自己的爱心、耐心和智慧去培养孩子的责任心。

一位11岁的男孩，踢足球时不小心打碎了邻居家的玻璃，邻居家索赔12.50美元。闯了大祸的美国男孩向父亲认错后，父母让他对自己的过失负责，他为难地说：“我没钱赔人家。”父亲从口袋里拿出12.50美元递给他说：“这些钱先借你，一年后还我。”从此，这位美国男孩每逢周末、假日便外出辛勤打工，经过半年的努力，他终于挣足了12.50美元并还给了父亲。

后来，男孩回忆这件事时说：“通过自己的劳动来承担过失，使我懂得了什么叫责任心”。

培养孩子的责任心，也就是应当要求孩子勇于对自己的言行负责。不论孩子有什么样的过失，只要他具备承担责任的能力，就要勇敢面对，不能让他逃避和推卸，更不能由大人越俎代庖。

美国品德教育联合会主席麦克唐纳曾说：“能力不足，责任可补；责任不够，能力无法补；能力有限，责任无限。”对孩子进行责任意识和责任感的教育就是让孩子学会对自己负责，对他人负责，从而对社会负责。责任心是促使孩子向上奋进的内部动力，是孩子赢得成功的催化剂，培养孩子的责任心是孩子成长的必修课。

培养孩子的责任心不是一朝一夕的事，是一个漫长而反复的过程。父母必须高度重视，从小做起，从小事做起，让孩子在有责任感的氛围下快乐成长，在潜移默化中得到责任心的培养，养成良好的责任意识，从而培养孩子健康的人格。

1.多给孩子承担责任的机会

孩子是在体验中长大的，多让孩子承担一些责任，是培养孩子责任感的最佳途径。在孩子成长的过程中，家长要适时给孩子加担子，明确他所要承担的责任。

一名中学生每天只知道做自己喜欢的事，对家里的什么事都不关心，也不懂得照顾体贴爸爸妈妈，这一点让他的妈妈觉得很伤心。有一天，他的爸爸调到其他城市任职。上任离家那天，爸爸十分郑重地对儿子说："你妈身体不好，我走后就全靠你照顾了！每天晚上睡觉前请你关好门、关好窗、关好煤气……拜托了！"爸爸郑重其事的"拜托"让儿子十分诧异，但孩子还是认真地点了点头。一年后，当爸爸从外地回到家时，妻子激动地告诉他："你走后儿子突然长大了，懂事了，对我十分关心，尽职尽责，每天晚上按时关门、关窗、关煤气……"

孩子的责任感只有在反复的实践中才能逐步形成。因此，家长要给孩子机会，让他对家庭、父母、家人承担一些责任。生活中，家长要敢于给孩子委以"重任"，让孩子感到自己在家中的重要性。别总是认为孩子还很小，做不了，做不好，每一个小的地方，家长都不应放过，更不能怀着"大事化小，小事化了"的心理。对于孩子力所能及的事，创造条件有意识地锻炼他，让他学着负责任。只有多为孩子提供实践的机会，他才能逐

渐提高自身的责任意识，孩子通过做事就会得到对“责任”的一种宝贵的心理体验，这样的心理体验多了，孩子的责任意识自然得到强化和提高。

2.让孩子对自己的言行负责

著名教育家茨格拉夫人说过：“必须教育孩子懂得他们的一举一动能产生的后果，那么随着时间的推移，孩子们一定会学得很有责任感的。”在教育孩子时，家长一定要让孩子明白：每个人都应该为自己的行为负责，不管结果是好是坏都要承担，责无旁贷。

有一位企业家开车送儿子上学，到了学校门口，儿子却坐在车里哭着不下车，央求父亲陪着进教室。原来，儿子没有完成作业，怕老师批评。儿子想的是，爸爸是很有名气的企业家，看在爸爸的面子上，老师也许就不会批评自己了。这位父亲给儿子两个选择：一是自己进教室，另一个就是立即回家。他说：“要知道，你今天不想面对的，明天还是要必须去面对。”于是，儿子自己走进了教室。

这个企业家父母的做法值得家长借鉴，他的可贵之处就是让儿子懂得：犯了错误，就应该勇于承担后果，不逃避，不推卸责任。所谓吃一堑、长一智，只有吃到了自己不负责任的苦头，孩子以后才会多长点记性。留下的印象越深刻，孩子就会越提高警惕。久而久之，孩子就会逐渐拥有高度的责任感。

没有惩罚的教育是不完整的教育，没有惩罚的教育是一种虚弱的教育、不负责任的教育。当孩子犯了错误时给以适度的惩罚，让其以自己的行动弥补过失，就会达到“自食其果”的教育目的，使其记住教训，懂得对自己的过失负责，以养成可贵的责任心。

3.让孩子去承担家庭中的责任

有这样一位父亲从小就告诉孩子："你是家里的一分子！"，所以平时总会让孩子在家参与不同的劳动。吃饭的时候，父亲会把把拿菜的任务交给儿子。开始时，小家伙总是会问："为什么要我拿呀？我拿不到怎么办？"这是父亲就问他："三个人分工，拿菜、烧菜、饭后收拾，你喜欢哪一样？"权衡了半天，孩子觉得还是拿菜比较适合，从此以后，孩子就帮着家里端菜。有一天，孩子外婆到家里来玩，看见孩子去冰箱里拿菜，就忙不迭地冲过去，"我来拿，我来拿，怎么能让孩子拿菜呢？才这么小的孩子。"谁知孩子却义正词严地说："外婆，我来拿，这是我的责任。我是家里的一分子。"

作为家庭中的一名成员，孩子既应该享受权利，也应承担一定的家庭责任，包括建立家庭中的岗位，承担一定数量的家务劳动。父母可通过鼓励、期望、奖惩等方式，督促孩子履行职责，培养责任心。如果在小孩很小的时候，你就教他要帮助做家务，他就会把做家务当成一种乐趣和生活中很自然而然的一部分。

4.父母为孩子做出良好的榜样

责任心和其他道德准则一样，都不能单单靠口头说教，而只能由孩子从外界的吸收中取得。孩子在生活的各种环境中，会对自己喜欢的人进行模仿，从而塑造自己的品质。父母是孩子的第一任老师，在孩子眼中，父母具有绝对权威，父母的言行会对孩子产生潜移默化的影响。

有一天晚饭后，父亲带着儿子去公园散步，忽然发现前面的地上有一个被丢弃的饮料瓶，强烈的责任心使父亲不由自主地捡起来，然后扔进了附近的一个垃圾箱里。儿子问父亲为什么要这样做，父亲说，良好的环境需要大家共同来维护，我们每个人都有责任这么做。听了父亲的话，儿子略有所悟。以后，每当在公共场所见到别人丢弃的废纸或饮料瓶，他都会主动捡起来，扔进垃圾箱内。

可见，家长自身对家庭、对社会的责任心如何，对孩子来说是一面镜子，父母的责任心水平可以折射出孩子的责任心。一个对家庭、社会毫无责任感的父母，不可能培养出有责任心的孩子。所以说，父母只有在生活中严以律己，给孩子做好表率，才能更好地去影响和教育孩子。

无论何时都不要迟到，培养孩子守时的好习惯

守时，是现代人所必备素质之一，现代生活节奏的加快，更呼唤着人们的时间意识。然而让人遗憾的是，现在的很多孩子都不懂得这一礼貌。在我们的生活中，不守时的现象比比皆是，如上学迟到，考试迟到，和朋友约会迟到等。小的时候学不会守时，养成习惯了长大后依旧会如此，这种不守时的行为不但给他人留下不好的印象，还可能影响到孩子的生活以及今后的发展道路，给孩子的人生留下不可估量的损失。所以，守时的习惯应该从小养成，记住要及时帮孩子纠正不守时的坏习惯。

某投资公司想物色一名候选人顶替在位的总经理。因为理想人选难找，加上不便公开招聘，该公司负责人避开公司人力资源部，直接前往总部招聘以求合适的人才，对候选人的要求非常高，作为回报，

其薪酬自然不低，年薪达20万元。

在详细了解职位需求后，猎头业务负责人终于敲定“一号”候选人。面试约定时间是下午3时，结果对方晚到半个多小时。“一号”当天的解释是“堵车”。

“一号”候选人的资料给招聘方负责人后，该负责人很满意，又与“一号”约定在徐州进行最后面试，出乎意料的是，这名候选人又迟到了，比约定时间晚40余分钟，这次的解释同样是堵车！

两次相约，两次都迟到。不守时的“一号”最终淡出考察视野，无缘高薪。

德国民间就流传着这么一句话：“准时是帝王的礼貌。”守时就是遵守承诺，按时到达要去的地方，没有例外，没有借口，没有理由，任何时候都得做到。即便你因为特殊原因不得不失约，也应该提前打电话通知对方，向对方表示你的歉意。这不是一件小事，它代表了你的素质和做人的态度。这里不是要告诉你守时这条原则的重要程度，是要告诉你一些它如此重要的原因。如果你对别人的时间不表示尊重，你也不能期望别人会尊重你的时间。一旦你不守时，你就会失去影响力或者道德的力量。

张良是我国秦汉时期的著名谋士，据说张良在少年的时候，有一天，在一座桥的旁边，见到了一位白胡子老人。

老人看到小张良走了过来，就故意把鞋扔到桥下面去了。老人接着对张良说：“小孩！你下去，给我把鞋捡上来！”张良看他是个老年人，而且行动不便，于是就下去把鞋捡了上来。可是那老人又把脚伸到他面前说：“再给我穿上。”张良于是又给老人穿上了鞋。那老人笑了笑说：“你这个小孩子不错，我想教你学点儿本领。5天以后，你还来这儿等我。”张良连忙答应了。

到了第5天的早晨，张良刚走上桥，就看见老人已经坐在桥上了。老人非常生气地对他说：“你怎么让老年人等你呀？你再等5天吧！”

又过了5天，张良一听见鸡叫，就连忙起身往桥边走去，可这次老人还是比他先到了。张良感到很惭愧，连连向老人认错。老人也没责怪他，只是让他5天后再来。

这一次，在第4天的晚上，张良居然没睡觉，在半夜的时候就去桥上等着。过了一会儿，老人走过来了。看到张良总算按时来了，他高兴地说：“小孩子要学真本事，就需要这样啊！”紧接着，老人从怀里取出了一本兵书，他递给张良说：“回去好好读一下这部兵书，你就一定能够成就大事业。”从此以后，张良就开始废寝忘食地钻研这部兵书，最后他终于成了一位非常著名的谋士。

不可否认，这位老人是诚心教导张良的，所以才会给他三次机会。如果在张良第一次迟到的时候，老人就拂袖而去，那么张良岂不是错失了成才的大好机会？

守时是尊重别人的开始，也是尊重自己的行为。守时的习惯代表你对自己有控制能力。如果一个人平常的举止行为，没有办法守时的话，那他做什么事情也难会如期完成。

守时是一种美德。对于不守时的人来说，浪费的不仅仅是自己的时间和生命，同时也在消耗别人的时间和生命。守时是尊重别人的时间和尊重自己的时间。尊重别人的时间相当于尊重别人的人格、权利，尊重自己的时间则无疑是珍惜自己的生命。因此，守时的孩子更容易获得他人的尊重。每次的守时，都会给对方留下良好的印象，从而为自己赢得更多的朋友。不遵守时间的人，在浪费自己和别人宝贵时间的同时，也会失去朋友，有谁愿意和一个不懂得珍惜时间、不懂得尊重他人的人做朋友呢？不守时只是一个表象，深层次的原因源于对时间的轻视和对别人的漠视，所以说，守时不单单是礼貌问题，更是人格问题。

一个守时的人定是一个懂得珍惜时间的人，不仅仅要注意不浪费自己的时间，也要时时注意不能够白白浪费别人的时间。管理好自己的时间，就是让自己无论在做什么事的时候都能够轻松应对、游刃有余。一个守时的人，必将获得别人的尊重，也必将赢得自己的成功。家长一定要帮孩子养成守时的好习惯。

1.培养孩子的时间观念

有位爸爸在事先约定好的地方等待孩子一起去看电影，但是过了约定时间，孩子还没有出现。爸爸开始担心孩子是不是出了交通事故，虽然觉得孩子应该不在家里，但还是往家里去了电话。

接着，本来应该在来路上的孩子的声音出现在电话里："玩电脑忘记了。"爸爸呆然无语，也不听孩子的哭泣道歉，取消了看电影的计划，回到家就严厉地批评了不遵守约定的孩子。

守时就是要求孩子有良好的时间观念，而培养孩子良好的时间观念，养成不拖拉得好习惯，应该从孩子小时候抓起，让孩子在很小的时候就感知时间，懂得及时做到答应别人的事。如果孩子不守时，而我们又一次次地原谅他，他就没有机会认识到守时的重要性。人们常说"一寸光阴一寸金"，时间和机会一样从来不等人。所以，我们要让孩子懂得珍惜时间，珍惜他人的时间，不要总是迟到。

2.给孩子讲道理

给孩子讲道理是必要的，孩子只有明白了其中的道理，才有可能从行动上进行改变。但给孩子讲道理不能简单空洞地说教，而要结合具体的实例，家长可以将下面这个故事讲给孩子听，让他们在故事中学会珍惜时间，不迟到，做个守时的孩子。

美国第一任总统华盛顿对守时极为坚持。他自己总是守时，也要求旁人能做得到。有一次他的秘书告诉总统自己的表慢了点，所以迟到了，华盛顿对他说：“那你换表，或我换秘书。”另一令人乐道的轶事是他对准时吃饭的坚持。他每天都准时在下午四时用餐。有一次他宴请国会议员，但众人迟到了。大家进入饭厅的时候赫然发觉他已吃了一半，他冷静地对宾客说：“我的厨师永远不会问宾客到了没有，只会问时间到了没有。”

类似守时的小故事很多，鲁迅“时时早，事事早”的故事也同样可以讲给孩子听，达到教育的目的。

3.对孩子进行指导和督促

守时也是守约的一种表现。小孩虽然重视与朋友间的约会，但自我控制能力不足，有时因贪玩或留恋某一件事，不能准时赴约，或因时间观念不准确而错过约定时间，父母有责任提示孩子约定时间。比如孩子和同学约好了出去玩，家长可以提前问一问孩子“准备好了吗”、“你们几点钟出发”，提醒孩子按时赴约，守时守信。家长平时要注意做个有心人，抓住孩子生活中的点点滴滴，有针对性地对孩子进行具体的指导，对的给予肯定和支持，不对的帮助其分析和思考。

4.为孩子做出守时的榜样

和其他好习惯的养成一样，培养孩子守时的好习惯，家长同样要以身作则。答应孩子的事要做到，说好6点起床绝不赖床到7时；说好5点去接孩子回家，就不要让他等到5点半。同时，还要办事麻利，不要拖拖拉拉。不仅如此，还要在工作、生活、言行等方面都尽量做遵守时间的榜样。平时，若答应孩子干什么或到什么地方，都要准时做到，决不拖延或改换时间。即使有特殊情况导致不遵守时间的现象，一定要向孩子道歉，并说明原因，使孩子知道父母不是有意的。通过长期的教育和榜样行为的影响，孩子遵守时间的行为习惯不仅能得到发展和巩固，而且也使孩子初步懂得遵守时间的重要性。

培养正确的竞争意识，让孩子脱颖而出

当今社会，竞争无时无处不在。让孩子从小学会合理竞争，适应竞争环境，是为孩子将来更好地适应社会竞争打下基础，同时提高其独立的生存能力。

竞争意识是指对外界活动所做出的积极、奋发、不甘落后的心理反应。它是产生竞争行动的前提。在今天，每一个孩子都应该视竞争为常态，不竞争为非常态。但在实际学习、生活中，总有一部分孩子对学习或某项活动甘心落后，怯于竞争，表现出动摇、胆怯、逃避等消极意志品质。身为父母者，要让孩子明白竞争是现代生活中不可或缺的内容，学会竞争是现代人基本的生存能力，要在竞争中体现自我，从竞争中走出精彩

人生。

刘烨小学毕业后，从农村来到市里的初中上学，由于以前学校的教学质量不是很好，所以，他进入初中之后，就显得不能适应了。尤其在英语课上，他觉得自己总是听得云山雾罩，不知所措。

第一学期期末考试，他竟然没有一门功课及格，最惨的一科是英语，只得了16分。这一打击对刘烨来说太大了，他觉得农村孩子始终比不上城市孩子，开始自卑和苦恼起来。于是，他就到小说里面寻找自己的“心灵寄托”，寻找一些虚无缥缈的感觉，并沉溺其中不能自拔。结果成绩更是一团糟，还差点儿留级。他觉得自己与其在这里丢人现眼，还不如放弃学业。

爸爸知道他的这个想法之后，就对他说道：“什么？放弃学业？这同战场上逃兵有什么两样，即使你暂时能够逃避学习的竞争，步入社会后，你还能逃避的社会竞争吗？难道你真想一辈子当一个逃兵？”爸爸的这句话，一下子激起了刘烨强烈的自尊心。”“逃兵?我怎么会是逃兵呢?逃兵会被人说三道四的，我绝对不做逃兵！”就这样，刘烨为了不让自己成为逃兵而树立了坚定的信念，开始刻苦学习。

其实，刘烨并不是个笨孩子，刚开始成绩不好，只是因为他还没有适应新的环境。现在他树立了竞争意识，不甘心学习落后于人，决心超过别人，他的成绩也自然提高了。

从这个事例我们可以看出，如果刘烨在暂时落后的时候，不想和别人竞争，一味地逃避，那么他就不会得到现在这样好的成绩，只能是个“逃兵”。所以，家长必须教育孩子面对现实，让他们知道有竞争就会有成功者和失败者，任何试图回避或逃避竞争的做法都是错误的。培养孩子的竞争意识，鼓励孩子参与竞争，对于孩子的健康发展具有重大意义。

培养孩子的竞争意识其实就是培养孩子敢于面对现实、积极进取、正当竞争的心态。它可以增强孩子的自信心，孩子在竞争中表现出来的精神和才能，会使孩子对自己做出肯定的评价，会激发孩子进一步奋发向上；它可以克服孩子的胆怯、保守和自卑心理，可以激发孩子强烈的求知欲望，因为竞争会使孩子认识到只有具备知识和能力才能领先。此外，它还可以提高孩子的耐挫能力，竞争就免不了要遭受挫折，孩子品尝过竞争失利的滋味，可提高对挫折的承受能力。

培养孩子的竞争意识和竞争能力是家庭教育的重要内容。现在的孩子都是家庭中的宠儿，不少养成了任性、唯我独尊的个性。而现代社会中，处处充满着竞争，如果不具备竞争的意识和竞争的能力，很难在社会上立足。因此，要让孩子能适应明天的竞争，成为生活的强者，就必须从小注重对孩子竞争意识的培养。孩子竞争意识的培养，必须通过正面的教育来实现，在日常生活学习中坚持训练，逐步养成良好的习惯，形成较好的竞争能力。

1.培养孩子健康的竞争心态

一些孩子在竞争中失败了，往往会流露出不高兴的情绪，会对获胜的一方充满敌意，不仅不再和对方交朋友，甚至怂恿别的伙伴去孤立竞争者。这些孩子是不能积极、正确地面对竞争。这就要求父母在培养孩子竞争意识的同时，提高孩子的竞争道德水平，教育孩子在竞争中要学会宽容。

小娟从小学习优异，但是，上了初中以后，尽管她学习仍旧努力，但在班上才进入前10名。她很不甘心。她留恋小学时期的辉煌，留恋名列前茅的感觉。她要想办法找回小学时“领跑”的感觉。

因为缺乏正确的竞争心理，小娟进入了思想的误区。她见不得别人比自己好，一旦身边的朋友考试成绩胜过自己，她就会觉得心里不舒服，疏远人家，排挤人家。为此，班上的同学越来越不喜欢跟她交往。

慢慢地，小娟陷入了孤独无援的境地，她的心态越来越阴郁，而她的学习成绩更是每况愈下。

为了孩子的健康成长，作为孩子的第一任老师，父母要积极培养孩子健康的竞争心态。对于一些竞争欲过于强烈的孩子，父母要帮孩子端正心态，让孩子明白竞争是展示自身实力的机会，是件美好的事，要用从容的心态看待超越和被超越，不应充满妒忌和愤懑。还要启发孩子在竞争中表现出高尚的情操，不要以打击对方的方式来达到自己的心理平衡，让孩子认识到竞争不应是阴险和狡诈、暗中算计人，应是齐头并进，以实力取胜。

2.引导孩子正确面对失败

竞争，总会伴随着成功与失败，怎样正确对待输赢将直接影响一个人的竞争行为，竞争最终将是意志力的较量。当孩子面对竞争失败时，父母应该让孩子重拾信心，让他感受到失败并不可怕，只要克服困难，就能取得成功。

刘炳瑞是一名初二的学生，他喜欢各项活动，也喜欢与大家一起比赛。但刘炳瑞有个不好的毛病，就是如果自己比赛输了，就会心情郁闷，不爱说话，好多天后心情才能调整过来。而只要心情一转好，她又会参加下一轮的竞争、比赛。

妈妈很怕刘炳瑞参加比赛，但如果不让她去又怕影响她的身心健康发展。妈妈就耐心地开导刘炳瑞说："比赛有赢就有输，输了要能面对和接受，心情不好不能解决任何问题。应该吸取经验，发奋努力，争取下次的胜利。你想想我说的对吗？"听了妈妈的话，刘炳瑞认真思考了一下，冲着妈妈一乐，说道："我知道应该怎么做了，谢谢你，妈妈。"

以后，刘炳瑞不再为失败烦恼了。他一样喜欢参加竞技活动，喜欢比赛。输了就总结经验，发现不足，然后改进，争取下次的胜利。渐渐地，刘炳瑞胜出的次数多了起来。

在竞争中，没有常胜将军，没有哪个人能在各方面都次次取胜。因此，父母应该引导孩子正确地对待失败和挫折，知道强中还有强中手。多让孩子接受一些挫折教育，能培养孩子的意志，让孩子感到失败并不可怕，只有在失败之后及时地调整自己的心态，消除不必要的紧张、忧虑和自卑等消极情绪，才能争取到下一次的成功。

行动起来，帮孩子克服拖延磨蹭的习惯

拖沓，可以说是人类的一大天性。每个人都会有拖沓的毛病，孩子们当然也有，孩子有这个坏习惯并不可怕，关键是父母要帮助孩子及时改掉这个坏习惯。

昌昌上学的时间到了，但他忽然想起来还没整理好书包。妈妈催

着他说："快点儿吧儿子，不然要迟到了。"昌昌央求说："妈妈，再等我一会儿嘛。"

不仅如此，在家里，妈妈让他进房间写作业，他总是说"知道了"，却迟迟不见行动。好不容易被妈妈"逼"着坐到书桌前写作业了，他也学不了一会儿就出来了，看会儿电视，喝点水，然后才磨磨蹭蹭进去学习；不到10分钟，又出来了，上个厕所，吃个水果，再进去学习。如此一来，昌昌的学习效率一点都不高。

妈妈还发现，昌昌平时吃饭、走路、玩游戏时动作也很慢。孩子为什么会这样呢?

许多父母都有着与这位妈妈同样的苦恼：孩子动作太慢，做起事情磨磨蹭蹭，慢条斯理，消耗不必要的时间，降低做事的效率，尤其是穿衣服和吃饭等生活自理方面，显得极为磨蹭。

磨蹭和拖沓是很多孩子都有的坏习惯，也是很多父母头疼的问题。孩子在学校里，如果做作业的速度太慢，就会影响学习、休息和正常的娱乐活动；考试的时候动作太慢，往往还没有做完就到了老师收卷的时间，导致成绩下降；运动的时候动作太慢，就往往不能战胜对手，让别人领先，这些都会使孩子承受巨大的心理压力。

孩子为什么做事磨蹭？有的与孩子的性格有关，有的和孩子的生活习惯有关，有自身的原因，也有外来因素的影响。比如孩子贪玩、受到不应有的干扰、因问题难以解决而犯愁犹豫，这都可能造成孩子拖拉、磨蹭的习惯。动气不如动心，花心思帮助孩子找出原因，对症下药，帮助孩子改正做事拖沓磨蹭的习惯，这才是合格家长的做法。

彭老师是某中学7年级年级的班主任。这个班学生一共45人，但大部分同学每天都显得无精打采，而且做事拖沓磨蹭。为了改变班级的状况，彭老师想出了一个办法。

这天早晨，全班同学排着队站在操场上后，彭老师拿出一个计时表，说："从今天起，我每天都会用这个表掐算从你们上楼放书包到下楼排好队的时间，要求是队伍不许乱，过程中不许跑，进教室后书包要放整齐。听懂了吗？"

同学们一听，各个精神抖擞地答应着。彭老师一边举起秒表，一边说："准备，开始。"话音没落，排头的学生就迈开了脚步，学生们一个个就像竞走运动员一样，按着老师的要求进了教学楼。

几天训练下来，在这个环节上，同学们不但不再拖沓，而且井然有序地加快了速度。好像是受到这种气氛的影响，整个班级慢慢地一改常态，学习效率也逐渐高起来了。

彭老师用一个秒表激发了孩子们的热情，让孩子们在不知不觉中改掉了拖沓的坏习惯。所以，父母与其因孩子爱磨蹭而犯愁，不如寻找方法帮助孩子改正。

人的生命是有限的，做事磨磨蹭蹭，往往会浪费许多宝贵的时间，对于孩子也是一样的。因此，父母要善于帮助孩子改掉磨蹭的习惯。

1.为孩子树立竞争对手

一个13岁男孩的母亲曾这样说到：

我的丈夫就是个慢性子，做事情时常拖拉。孩子耳濡目染，做家庭作业时，竟也学着拖拉起来，明明当天应该完成的作业，他非要拖到第二天才急急忙忙地写完，学习效果可想而知。我在督促孩子的同时，做丈夫的工作，他很配合。为了提醒孩子，我们在他的房间挂上

“今日事今日毕”的条幅；我丈夫和儿子约定，我来当监督员，如果他俩谁做事磨蹭、拖拉，谁就没有选择电视频道或者买冷饮的权力。这个办法真灵，儿子在我们的提醒下，也是为了获得优先选择看电视节目和买好吃的权力，他做事快多了，能做完的作业，大都在当天就完成了。实在难解的，征求我的意见，我允许他明日继续思考，不算“违规”。丈夫故意说：“我无论如何也要坚持住，看谁有耐心。”一个月时间很快就要到了，丈夫因为“疏忽”了，把我交代买米的事情拖了两天。儿子兴奋地说：“爸爸违规了，该罚。”丈夫态度很好地说：“好，好。”儿子笑了，我们也笑了。

为了帮孩子改掉拖沓的习惯，父母可以帮孩子设定处理事务的竞争对手，甚至可以直接把自己作为孩子的比赛对象，利用孩子的好胜心理加快处理事务的效率。

2.让孩子在生活中养成“立刻去做”的习惯

周六晚上是欢欢洗碗的时间。大家吃过晚饭后，欢欢没有像平时一样去洗，而是对妈妈说：“妈妈，我能不能等一会儿再洗？”

“不行！”妈妈坚决地回复道。

“为什么爸爸能把碗放到第二天再洗，我等一会儿就不行？”欢欢反问道。妈妈机智地回答：“所以你和我要成为爸爸的好榜样啊！”

欢欢一听，立刻转身去洗碗了。

“立刻去做”是一种生活态度，孩子一旦拥有这种态度，就会把它推广到学习和生活中。所以，父母要帮助孩子在生活上养成“立刻去做”的习惯，绝不给孩子留下“允许拖沓”的暗示。只有这样，孩子才能养成不拖沓的学习习惯。

3.对孩子要多鼓励、少批评

批评只会强化孩子“做事慢”的心理，在他心中一旦形成“我就是做事慢”的自我概念，就很不利于培养“做事快”的信心。如果在孩子做事迅速时，父母能及时表扬，可以增强孩子的信心，反倒有利于纠正磨蹭的毛病。比如，经常对孩子说，“真好，现在用不着老提醒你了，比过去进步多了”、“孩子，你如果再快一点儿就更出色了”、“太棒了，你看你做的多快”……

另外，父母还要注意，孩子做事情时，父母少唠叨。如果孩子在写作业、穿衣服、刷牙、吃饭时，父母不停啰嗦或插手处理，就会干扰他，让他无所适从，不仅影响做事进程，还会阻碍孩子自我能力的锻炼。

4.让孩子为磨蹭付出代价

一个14岁女孩的母亲曾这样说到：

我的女儿经常磨蹭，做事拖拉。女儿经常早上磨蹭到快要迟到了，让我们用车送她到校。为了教育女儿，我们和她的老师进行了沟通。

一天早上，我告诉女儿：“快点起床，你爸爸的车正在修理，不能送你，迟到了老师要批评的。”女儿没事似的说：“爸爸一会儿就能修好车，来得及。”等她起床洗漱完毕，车子还没修好。这下她急了起来，动作立刻快了几倍，等她到校时，早已迟到了……还有一次朋友聚会，本来说要带她一起去，但她磨蹭起来没完，结果她只好和她爸爸自己在家做饭吃。经过这些事之后，孩子现在做事很少再磨磨蹭蹭了。

做事情时磨磨蹭蹭、拖拖拉拉是不少孩子的通病，他们经常不能在规定的时间内做完一件事情，而且自己一点也不着急。其实，孩子只有在品尝到磨蹭带来的不良后果后，他才能够自觉地快起来。因此，让孩子为自己的磨蹭付出代价不失为一个改掉孩子磨蹭毛病的好方法。

学会克制，提高孩子的自制力

20世纪60年代，美国心理学家瓦特·米伽尔曾做过这样一个著名的实验。

> 研究人员给一些4岁小孩子每人一颗好吃的奶糖，同时告诉孩子们可以吃糖，如果马上吃，只能吃一颗；如果等20分钟，则能吃两颗。有些孩子急不可待，马上把糖吃掉了。另一些孩子却能等待对他们来说是无尽期的20分钟，为了使自己耐住性子，他们闭上眼睛不看糖，或头枕双臂、自言自语、唱歌，有的甚至睡着了，他们终于吃到了两颗糖。在美味的奶糖面前，任何孩子都将经受考验。
>
> 这个实验后来一直继续了下去，那些在他们几岁时就能等待吃两颗糖的孩子，到了青少年时期仍能等待，而不急于求成；而那些急不可待，只吃了一颗糖的孩子，在青少年时期更容易有固执、优柔寡断和压抑等个性表现。
>
> 当这些孩子长到上中学时，就会表现出某些明显的差异。对这些孩子的父母及教师的一次调查表明，那些在4岁时能以坚忍换得第二

颗奶糖的孩子常成为适应性较强、冒险精神较强，比较受人喜欢、比较自信、比较独立的少年；而那些在早年已经不起奶糖诱惑的孩子则更可能成为孤僻、易受挫、固执的少年，他们往往屈从于压力并逃避挑战。

对这些孩子分两级进行学术能力倾向测试的结果表明，那些在奶糖实验中坚持时间较长的孩子的平均得分高达210分。

研究人员在十几年以后再考察当年那些孩子现在的表现，研究发现，那些能够为获得更多的奶糖而等待得更久的孩子要比那些缺乏耐心的孩子更容易获得成功，他们的学习成绩要相对好一些。在后来的几十年的跟踪观察中，发现有耐心的孩子在事业上的表现也较为出色。

这个实验用于分析孩子承受延迟满足的能力，就是我们平常所说的“自制力”——为了追求更大的目标，获得更大的享受，可以克制自己的欲望，放弃眼前的诱惑。

自制力是指一个人能控制及调节自己的行为，坚持不懈地实现目标的能力。自制力强的孩子有两个特点：一是不做不该做的事；二是坚持去做该做的事。

生活中，我们经常听到有的父母抱怨自己的孩子自制力差。比如，上课时做小动作；一回到家就看电视，一写作业就坐立不安；喜欢吃零食，控制不住花零花钱的速度等等。

孩子出现这种状况，是缺乏自制力的一种表现。自制力是一个人为执行某种任务而控制自己的情绪、约束自己言行的能力。它是一种可贵的意志品质。这种自制力又常常叫意志力，是一个人在事业上取得成就的重要条件。

一个孩子自制力的强弱并不是与生俱来的，而是在后天的教育和引导中逐步培养和锻炼出来的。所以，要培养一个孩子的自制力，家长需要注意对孩子进行自制力的训练和引导。

郭英是一名初二的学生，现在正面临期末考试，学习很紧张，但每天做功课时，她都管不住自己。刚开始的几道题她还是认认真真地做，但没过半小时，她就坐不住了，一会儿起身去喝水，一会儿吃东西，一会儿又上厕所，反正她总有理由不写作业。郭英不光在做作业这件事上没有自制力，在其他方面也这样：跳舞可以说是她喜欢的事，但当老师教完一段后，她课后练习从来不会超过3遍，对动作的要求也是马马虎虎，由于这个，她总挨老师批评。郭英自己也觉得很苦恼。她感到现在面临期末考试，这种状态根本不可能取得好成绩，但她想管住自己却做不到，好像总有一种无形的力量支配她离开自己应该做的事。那么，郭英自制力差的这种坏习惯是如何养成的呢？

原来，郭英是家中的独生女，父母把全部希望都寄托在她的身上，从很小开始，父母就对郭英进行了早期教育。先是弹琴，后是学画画、英语、算数。小英英学习的时候很用功，爸爸妈妈都十分高兴。看到女儿这样辛苦，妈妈很心疼，在郭英学习的时候，经常会送来零食什么的。小孩子禁不住诱惑，于是，时间一长，形成了习惯，没有零食就不能把事做下去。她做事的时间不能长，并且总是坐不住，注意力不集中，不能安心学习，所以学习成绩总是不理想。每当考试成绩出来时，郭英看到自己那可怜的成绩都会很伤心，有时甚至会大哭一场，暗下决心一定要认真学习，但几天之后，就会把自己的痛苦抛于脑后，还是控制不了自己。

孩子自制力差，做父母的都很着急。其实，孩子的自制力形成有一个过程，那就是从“他制”到“自制”。一般来说，小学阶段是锻炼孩子自制力的最佳时机，错过了这个年龄阶段，再锻炼孩子的自制力就要花费更多的时间和精力了。如果孩子在小学阶段就慢慢形成了很好的自制力，对于他们以后的学习和成长有极其重要的积极作用。

孩子自制力差的坏习惯是多种因素长时间累积的结果，自制力的形成并不是孩子自己的事，父母要从小对孩子进行正确的教育。

1.从生活习惯开始培养孩子的自制力

自制力的培养主要是生活习惯上的问题，如规定孩子有规律地生活作息，让孩子按时就寝，准时起床，按时吃饭，按时做作业及游戏，按时完成父母指定的家务等。开始时可能会有些困难，但时间长了，孩子就会在父母的督促下学会控制自己、约束自己，并养成习惯。

2.树立榜样，感化孩子

给孩子找一些自制力较强的榜样，比如一些名人、孩子喜欢的卡通形象、孩子喜欢的作者、孩子的同学、家庭中的成员等等。将他们自制力较强的事件给孩子当成故事讲一讲，适时地对孩子提出一些希望和建议，鼓励孩子向榜样学习。

3.培养孩子的自制力要循序渐进

自制力不可能是一念之间产生的，也不是下定决心就可立时形成的，其形成需要一个过程。如果你给孩子规定从明天开始就要好好学习，他们达不到目标时往往会产生挫折感和无能感，丧失改变自己的信心。所以，自制力的形成不要期望一蹴而就。比如，你可以让孩子在第一周时每天学习半个小时玩10分钟，如果这很容易做到，第二周每天学习40分钟玩15分钟，这也做得很好时，就可以每天学习40分钟玩10分钟。当行为变成一种习惯时，自制力也就自然而然地形成了。任何坏习惯的改变或好习惯的形成都可以采取这个方法。循序渐进有利于培养孩子的自信，并且不会给孩子造成过大的心理压力，使他们能轻松地锻炼自制力。

4.培养孩子的责任心

有的父母出于各种担忧，负起了孩子本应负的责任，那么孩子就乐得清闲。如果父母总是催促孩子去学习，孩子可能会觉得你不信任他、怀疑他的能力和自觉性，怀疑他处理不好自己的事情。既然不信任他，他就自暴自弃了，故意做事拖沓、失败，甚至真的开始对自己失去信心了。每个孩子都是有自制力的，只是被你的“不信任”掩盖了。如果你相信孩子的能力，别再事事替他做决定，放手让孩子自己去发展，那么，孩子自然就会发展出自制力和自豪感了。

贵在坚持，纠正孩子半途而废的坏习惯

最浪费时间的事情莫于中途放弃一件正在做的事情。如果中途放弃，又何必浪费时间着手做这件事呢?

一位有名的作家回忆小时候读古文、学英语未曾中断，不过3年，即达到了能自学的程度，终身难以忘怀。可是在学习俄语方面的情形就完全不同了。解放后，他曾先后4次参加突击学习俄语，每次约半年。由于种种原因，竟中断了4次，每次都是在未达到能自修的程度前中断的，所以每次继续学习都得从头开始。因为基础不巩固，荒废数月，便忘得一干二净。直到如今，在俄语方面的知识还是停留在最初的起跑线上。在学习时间上，还有什么比这更大的浪费呢?

这个失败的教训，告诉我们这样一条学习规律：不仅学习外语，做任何事情都应像烧开水那样，不断加热，力争一次烧开。不然，即使你学若干次，也难以产生从未知到已知的质变，而时间将会无情地惩罚你，使你由一个青年变成皱纹满脸的小老头。

日常生活中，我们常见到有些孩子尤其是独生子女学习没有恒心，不是虎头蛇尾，就是半途而废，不能持久，不能善始善终。法国伟大的启蒙思想家布封曾经说过："天才就是长期的坚持不懈。"我国著名的数学家华罗庚也曾说："做学问，做研究工作，必须持之以恒。"的确，我们干什么事，要取得成功，坚持不懈的毅力和持之以恒的精神是必不可少的。

吕伟从小就对绘画表现出浓厚的兴趣。为此，妈妈带他参加了一个绘画培训班。几年下来，吕伟的绘画技巧有了一定的提升，习作也经常受到老师的好评。

但是后来，吕伟的妈妈发现他一连好几天没去培训班上课，在家里也没有练习，便问他原因。

"妈妈，我不想学绘画了，太枯燥了。我想成为毕加索、徐悲鸿那样的大师，可是我练习绘画都已4年了，却没得过一次大奖，我想放弃，改学篆刻。我们班李俊的篆刻可好了。"

"儿子，如果你真的想放弃，妈妈不强迫你。但是，学篆刻也不是一件容易的事，不是凭几天的功夫就能学成的。"

"妈妈，你就同意我学篆刻吧！"

在吕伟的软磨硬泡下，妈妈终于同意了。

然而，谁也没有想到的是，吕伟在学习了3个月的篆刻后，又回家宣布不想继续学习了。

“为什么?你不是学得好好的吗?”

“妈妈，你看看我手上的血泡。”吕伟说完，摊开双手让妈妈看，“当然，这点苦我还能吃得下，这也不是我决定放弃的原因，我是因为觉得自己要想成为齐白石那样的大师，还遥遥无期。所以，我不想学了。”

听完吕伟的话后，妈妈没有责备他，只是说：“儿子，你知道石匠是怎样用一把小铁锤和一把小凿子敲开一块坚硬的大石头吗?”吕伟摇了摇头。

妈妈接着说：“当石匠举起锤子敲击第一下时，没有敲下一块碎片，甚至连一丝凿痕都没有。可是他不以为意，继续举起铁锤一下一下地敲，一百下，二百下，三百下，那块坚硬的大石头上依然没有出现任何裂纹。

但是石匠并没有懈怠，他继续举起锤子重重地敲击下去，不知道是敲到一千下，二千下，还是五千下，终于看到成效了。但不只是敲下了一块碎片，而是整块大石头裂成了两块。儿子，你认为这块坚硬的石头裂成了两块，是石匠哪一击的功劳?”

“当然是最后一击！”吕伟不假思索地回答。

“你错了，儿子，不是最后那一击，而是石匠一而再，再而三连续敲击的结果！”说到这里，妈妈停顿了一下，加重语气说道：“这就和你学绘画与学篆刻是同一个道理，在这个世界上没有任何事情是一蹴而就的，如果没有恒心，没有耐心，没有持续不断的努力，就不可能获得成功。”

听完妈妈的话后，吕伟想了想说：“妈妈，是我错了，我做事缺乏恒心、耐心，总以为重新选择一件事情会更容易获得成功，其实这种想法是不对的。只有持之以恒，耐心执著，才是获取成功的秘诀，对吗?”

妈妈高兴地点了点头。

“妈妈，从明天开始，我要重新练习绘画。不，我现在就去。”吕伟说完，便走进自己的卧室，拿起闲置了个3个月的画笔，认真练习起来。

常言道：天下无难事只怕有心人，做什么事情都是贵在坚持。坚持，是一个人意志的展现；坚持是一种品质，一种自信，更是一种勇气，是获得成功的一种方式。

但现实生活中，不少孩子做事没有恒心，缺乏持久性，常常半途而废。例如，一些孩子开始订学习计划时雄心勃勃，如每天背30个英语单词，每天做10道课外数学习题等等，然而在开头几天的一把火烧过之后，往往因各种原因（主要是心理原因）渐渐地便松懈了下来，甚至于不出半月便把计划搁到一边去了。

半途而废是一种严重影响学习效果的不良习惯。调查显示：大多数学龄孩子在学习上都有这种半途而废的不良习性。课堂听讲，前20分钟比较认真，后20分钟就坚持不下去了；做作业一遇到疑难问题就打退堂鼓；作文前几段文字书写工整，到后面就渐渐变得凌乱潦草，以至成了无人能识的“天书”；原打算坚持每天早读1小时英语单词，刚开始有新鲜感还能坚持，过一段时间就不坚持了，放弃了。

学习中的半途而废对学习效果影响极为严重，同时，更不利于孩子健康、规范、严谨的学习素养的形成，它所造成的后果不仅严重，而且遗患无穷。因此，每个家长对孩子不能掉以轻心、视而不见或迁就放任，要引起足够的重视。

对大多数孩子而言，他们之所以不能坚持下去，主要就是缺乏坚忍不拔的毅力和有效的方法。对此，教育专家认为，家长应该在如下方面教育和培养孩子坚持不懈的精神：

1.让孩子懂得持之以恒的重要性

父母应经常告诉孩子，坚持就是胜利，坚持就能成功。对孩子坚持做事的习惯，家长应给予及时鼓励，要求并督促孩子将每一件事情做完。锻炼孩子的意志，家长要有决心和恒心，要舍得让孩子吃苦。

2.帮孩子树立一个由易而难的目标

对毅力不很强的孩子来说，在帮助他们确定奋斗目标、选择实现这一目标的突破口时，一定要注意从实际出发，由易而难，循序渐进，切不可妄想“一锹挖口井，一口吞个饼”。孩子有时半途而废是因为目标定得太高，根本无法实现，所以家长要帮助其在事先确定一个合乎实际的目标。

3.培养孩子的兴趣

心理学研究发现，孩子对有兴趣的事情，往往做得比较好，他们能在遇到困难时坚持不懈。获得诺贝尔物理奖的丁肇中教授说：“我经常不分昼夜地把自己关在实验室里，有人以为我很苦，其实这是我的兴趣所在，我感到其乐无穷。”因此，父母要想办法培养孩子的学习兴趣，有了兴趣便不愁他学不好。

4. 家长要监督、引导、鼓励孩子

孩子都有惰性，在学习的过程中，免不了偷懒而停下来，或者在学习中遇到解决不了的问题而沮丧颓废，以至放弃。因此，家长应对孩子的学习过程进行监督、鼓励，并适时给予指导，帮助他们克服惰性、克服软弱、增强信心，保持学习的连续性。长期坚持下去，孩子就会养成持之以恒的习惯，也就不会出现半途而废的现象。

5.为孩子做出表率

有句俗话："榜样的力量是无穷的。"如果想培养孩子持之以恒的韧劲，那么父母必须以身作则，无论处理什么事情，都要认真、圆满地完成，做孩子的表率。很难想象，一个三天打鱼两天晒网的家长会培养出一个有恒心的孩子。孩子养不成坚持的习惯，多数是因为家长做事也是虎头蛇尾，所以要想孩子学会坚持，家长要以身作则，要有坚持性。父母做事的态度很大程度上影响着孩子做事的态度。如果父母今天要求孩子学习绘画半个小时，明天自己没有督促孩子练习绘画，后天又有什么事给耽误了而不管孩子当天有没有练习，这样培养孩子的毅力就变成一句空话。

注重素质培养，别把分数看得太重

"素质教育"早已不是一个新鲜词了，可在提倡素质教育的今天，还有不少的家长陷入这样的误区，将分数作为衡量孩子成绩的一个标准，把分数当成智力发展水平的唯一尺度，也当成孩子学习能力强弱的尺度。其实，这种观念是片面的。

我们并不一概地反对看重分数，因为学生考试的分数在一定意义上也能反映出学生掌握知识的程度，反映出学生运用知识解决问题的能力。合理而科学的考试方式所评定的分数还是有相当重要价值的。一般说来，学生的考试分数高，在某种意义上表明学生掌握的知识比较好。

但是，考试分数高的学生并不表示他们将来走上社会必定会成才。考试成绩不好的学生更不表示他的将来一定是没有作为。作为家长，决不能仅仅看重孩子的分数。

美国教育家斯宾塞曾经说过：“身为父母，千万不能太看重孩子的考试分数，而应该注重孩子思维能力、学习方法的培养，尽量留住孩子最宝贵的兴趣与好奇心。绝对不能用考试分数去判断一个孩子的优劣，更不能让孩子有以此为荣辱的意识。”如果父母把时间和精力都用在考试成绩教育上，那就会忽视对孩子的能力培养，而父母应该知道，家庭教育应包括做人教育、性格教育、心理健康教育与创新教育。这样的全面教育才能真正培养出素质全面的孩子。

如今的社会是一个多元化的社会，同样，成功的标准和渠道也是千条万条，学习成绩不在是判断一个孩子的唯一标准。许多事实都证明，那些有成就的人，并不一定是那些考高分的人。也有不少人虽然小的时候学习成绩优异，长大以后却一事无成。因此，家长不应把目光停留在孩子的成绩单上，也不应该把成绩单作为衡量孩子以后能否成功的标准，只有这样才能把孩子培养成真正的人才。

叶圣陶先生是我国现代著名作家、儿童文学作家和教育家。他的儿子叶至善从小学习成绩不好，在小学和中学曾留过4次级。每当儿子考试不及格、灰心沮丧时，他都安慰儿子不要背思想包袱。他了解儿子不喜欢死记硬背，但表达能力并不弱，知识面也不窄。于是他根据儿子的情况帮孩子选择了一所适合的学校。此后，儿子对学习感到有兴趣了，也不用整天把时间花在做练习题和做作业上了，有足够的时间看课外书籍、唱歌、吹口琴。

叶老特别支持儿子看课外书，还指定了一些必读书籍。他还为儿子买了一架天文望远镜和显微镜，鼓励儿子观察和思考自然界的各种现象。叶至善22岁那年，父亲开始让他学习写作和编辑业务。

在父亲的教育和影响下，叶至善成为著名作家，曾先后担任全国政协副秘书长和中国青年出版社、中国少年儿童出版社编审委员会副主任。

可见，分数并不是衡量孩子能力的唯一标准。要知道，每一个孩子都是一粒能成长为大树的“种子”，可他们是否能够真的长成大树，还必须仰仗家长是否提供良好的环境和悉心的培养。

莫以分数论英雄。人的能力是多方面的，如人际沟通能力、领导管理能力、创造力、协调力等。这些能力都是在考试成绩中无法体现出来的，而这些综合能力对一个人的事业成功来说却是非常重要的。也就是说，考试第一名的孩子，综合能力并不一定是最强的。因此，家长不要过分看重孩子的考试成绩，而忽视了对孩子其他能力的培养。

秦岚是一位初三女孩，她学习很努力，但是智力平平，因此成绩一直在班级中下游徘徊。为此秦岚的父母经常责骂她，在他们眼中，秦岚就是一个不争气的孩子。

但是老师和同学们却不这么认为，老师认为秦岚学习很认真。她上课认真听讲，课后认真写作业，而且字迹工整、页面整洁，为此老师经常让秦岚书写黑板报，因为她做事认真，还让她担任了班级劳动委员一职。不仅如此，秦岚的人缘也很好，因为她待人热情，乐于助人，同学们都愿意和她相处，所以她与同学之间的关系也都很融洽。

另外，尽管秦岚的学习成绩不太好，但是她却十分喜欢绘画、唱歌，而且在这方面表现得很优秀，为此，美术老师和音乐老师也都非常喜欢她。可是父母认为画画得再好，歌唱得再好，不如文化课成绩好重要，所以父母对秦岚的前途失去了信心。但是秦岚并没有灰心，她在努力提高文化成绩的同时，非常注重发展美术和音乐专长。

初中毕业后，秦岚出人意料地被一家有名的艺术类学校录取，这令父母对她刮目相看。

列夫·托尔斯泰曾说：“一个人就好比是一个分数，他的实际才能好比分子，而他对自己的估计好比分母，分母愈大则分数值愈小。”我们不能用一把尺子衡量人，不能用分数、名次要求所有的孩子。你只有用多把尺子去衡量，你的孩子才有成功的希望，才会树立起他的信心。考试分数不能代表孩子学习质量的全部，考卷也不能决定一个人的价值。家长要努力帮助孩子消除成绩所造成的压力，使孩子的目光转向自己的长处，增强他的自信心。无论何时，家长都要相信孩子的能力。孩子的成人比成功重要，成长比成绩重要，经历比名次重要！

中国妇女联合会的一项问卷调查显示，大多数中小学生都在埋怨父母只关心他们的学习成绩，让他们感到学习压力很大，他们甚至无法从家中获取课本以外的自然、社会等方面的知识。培养和教育孩子是一个漫长的过程，应采取恰当的方法，不能急于求成，更不能简单粗暴，否则会适得其反。

作为家长，引导与帮助孩子提高学习成绩，本是无可非议的。但是，家长同时也应该教育与关心孩子怎么做人，怎么发展自己的个性，怎么培养孩子的健康心理，怎么培养孩子的创新精神，而决不能把所有的精力和时间都用在提高孩子的学习成绩上，都用在孩子的考试分数上。

1.平常心看待孩子的分数

事实上，父母都希望自己的孩子能好好学习，考出好成绩。但是，愿望归愿望，学生的考试成绩总会有好有差，这是学习规律。父母没有必要过分看重成绩，更不宜时时将用功学习挂在嘴边。俗话说，再好听的话，说多了也会烦。

在一次作文课上，一个孩子用书信的形式向父母诉说了这样的心声。

亲爱的爸爸妈妈：

我心里的话太多太多，想对你们说，又怕对你们说。这些话藏在我的心里已有很长时间，我只有用写信的方式才能把心里的苦闷都说出来。也许你们已经忘记了，但就是这一件件的小事无数次地伤害了我，在我心里留下一片阴影。

记得上星期日的下午，我想让你们一起陪我出去跑步，给我计时并帮我看看跳远时的动作。可你们不但不陪我去，还说大好的时间不赶紧学习，跑到外面去玩什么？也许你们认为这无所谓，但你们想没想过我当时的心情？我只觉得心里冰冷冰冷的，鼻子酸酸的。我怕你们看见我哭，没跟任何人说便出去了。一出去，我的眼泪就流了下来，我也不知道当时的眼泪为什么会那么多。许多人在看我，他们也许在想：这么小的年龄，有什么事会使他哭得这么伤心呢？

每次考完试，你们只记得我考得不好的分数，总把用功学习挂在嘴上。也许你们是想给我些压力，让我努力学习。可我一听到这些

话，便有一种说不出的感觉，总是觉得鼻子酸酸的，一种无言的恐惧总是萦绕在我的心头……

苏霍姆林斯基曾说过："不要让上课、评分成为人的精神生活的唯一的吞没一切的活动领域。如果一个人只是在分数上表现自己，那么就可以毫不夸张地说，他等于根本没有表现自己，而我们的教育者，在人的这种片面表现的情况下，就根本算不得是教育者——我们只看到一片花瓣，而没有看到整个花朵。"教育应该是对孩子成长和发展的一种帮助、一种服务。做父母的应该懂得，孩子的成长是本，分数是末，成长永远比分数重要，再也不要舍本逐末了。

家长要从教育目的出发，重视孩子的整体素质水平，淡化分数意识，全面地看待孩子的成绩单。如果您把分数当成衡量孩子好坏的唯一标准，分数高就一好百好，分数低就一差百差，这样做，会把孩子的目光也引向分数，使孩子过度关注自己的分数，而忽略了学习过程、学习方法和学习态度，也容易忽略生活中其他的乐趣。

2.给孩子鼓励和宽容

现在的中国父母对子女的教育大部分属于分数教育，而事实上，并非每个人都能在考试中取得第一名，总有孩子会落在后面。当孩子在考试中没有得到预期的好成绩时，他已经很难过了。这个时候，父母千万不能用责骂、冷淡、讽刺挖苦等刺激孩子，而要拿出自己的宽容、理解和安慰，消除孩子由于学习成绩不好而产生的自卑、自信不足、学习兴趣下降、心情低落等状态。

3.注重孩子的学习效果

作为父母，在督促孩子学习的时候，不要只盯着孩子的考试分数，更应该看孩子实际的学习效果。不能仅以分数作为评价孩子学业水平的唯一标准，要以一种平和的心态对待孩子的考试分数，孩子考好了，不妨进行精神鼓励；如果孩子考试成绩不理想，要帮助孩子认真分析，找出失误的原因，并鼓励孩子继续努力，这样孩子才会情绪稳定，自信心增强，身心各方面才会健康发展。孩子不仅需要掌握基础知识，还要掌握基本技能和基本方法，这些都需要父母配合老师对孩子加以积极的引导。

第七章　有效沟通，好的交流让亲子关系迅速升温

多鼓励赏识自己的孩子

“数子十过，不如奖子一长。”孩子不断进步，原因是多方面的，但有一点是肯定的，即家庭教育的作用，而其中来自家长对孩子的鼓励则是一把挖潜启智、培养孩子正常发展、快速成长的金钥匙。鼓励能调动人的积极性，鼓励能让人树立信心、看到希望。一句鞭策的话语，一次精神上的激励，往往能激发孩子的自尊心和上进心，从而变成一种巨大的精神力量，促使其更加刻苦用功和不断提高。常夸奖和鼓励孩子，尤其在他失落的时候，能帮孩子摆脱内心的苦恼，使孩子愉快地迎接新的一天。

“你是非常聪明、非常好的孩子。”这是德国家庭教育家卡尔·威特在对小威特的教育之中用得最多的一句话。每当儿子遇到困难和挫折时，他总是用这么一句世上最美的语言帮助儿子摆脱内心的苦恼。

每当儿子痛苦和失落之时，威特会对他说：“你一定行的，我相信你。”威特认为，孩子毕竟是孩子，他太弱小，在他的人生之中会遇到很多难题，我们应该尽可能地帮助和支持他。只有让儿子充满信心，他才能在未来的人生之中面对一切挑战，才会拥有幸福的人生。

小威特刚开始学习写作的时候，对自己的能力一点儿没有信心。当他战战兢兢地把他的第一篇文章递给威特时，威特就注意到他眼中的不安，似乎他在等待着审判。读完他写的文章后，威特发现那的确是篇糟透了的文章：问题没有交待清楚，句子不完整，还有很多错别字。应该怎样去评价它呢？由于感到儿子对写作缺乏自信，威特知道不能简单地说一声“不好”就能解决问题。在他沉默之时，儿子流露出忧伤的眼神。可他没有想到，威特对他说了一句令人兴奋的话：“非常不错，这是你第一次写作，爸爸刚开始写作的时候比你差远了。”这时，儿子的眼光中闪烁出兴奋的光芒。

不久，儿子把他的第二篇文章给威特时，已经有很大进步了。

父母的鼓励，有助于增强孩子的自信心。每个孩子都有自己独特的地方，孩子在自己喜欢的领域中活动是十分投入、十分自信的，所以家长要了解孩子的特点，善于发现他们的优点并经常给予鼓励和肯定，这是孩子充满自信、不断进步的力量源泉。

鼓励法听起来十分吸引人，但人们常常并不明白什么是鼓励，甚至以为鼓励就是说好听的，表扬一下。其实鼓励就是给孩子一个机会锻炼及表现自己的能力，让他知道自己的行为可以给自己和别人带来积极的影响。在鼓励的作用下，孩子认识到自己的潜力，不断发展各种能力，成为生活中的成功者。

曾有这样一个感人至深的故事，讲的是一位母亲参加三次家长会后对孩子的教育：

一位母亲第一次参加家长会，幼儿园的老师对这位家长说：“你的儿子有多动症，在板凳上三分钟都坐不住。”回家的路上，儿子问妈妈，老师都说了些什么？妈妈鼻子一酸，差点掉下泪来。她告诉儿子：“老师表扬你了，说宝宝原来在板凳上坐不到一分钟，现在能坐三分钟了。别的家长都羡慕妈妈，因为全班只有宝宝进步了。”那天晚上，她儿子破天荒地吃了两碗饭，而且没让妈妈喂。

在第二次家长会上，老师说：“全班50名学生，你儿子排在第49名，我们怀疑他智力上有些障碍，你最好能带她到医院查一查。”回去的路上，妈妈流下了眼泪。回到家，看到儿子惶恐的眼睛，她又振作精神说：“老师对你充满信心，你并不是一个笨孩子，只要再细心点，一定会超过你的同桌。”说这些话的时候，她发现儿子的眼光一下子充满了光亮，发愁的脸也一下子舒展开了。第二天上学，儿子比平时都要早。

第三次是初中毕业班家长会，老师没有在差生的名单里提到她的儿子，到家长会结束也没有提到她儿子的名字，她有点不习惯，临别去问老师，老师告诉她：“按你儿子现在的成绩，考重点高中有点危险。”母亲心里有一种说不出的甜蜜，她告诉儿子：“班主任对你非常满意，他说了，只要你努力，很有希望考上重点高中。”

高中毕业了，当她儿子从学校回来，把一份清华大学录取通知书交到她的手里，突然跑到自己房间里大哭起来。边哭边说：“妈妈，我一直都知道我不是个聪明的孩子，是您……”她再也按捺不住十几年来凝聚在心中的泪水，任它打在手中的信封上。这是一位伟大的母亲，她用赏识教育代替惩罚教育，她成功了。

孩子是非常希望得到别人的赞赏和鼓励的，尤其是在困难的时候。父母的鼓励，就是向孩子传达对他的信任、欣赏和尊重，帮助孩子辨别和体会自己关于骄傲和成功的感受，给他前进的动力。我国教育家陶行知先生曾经说过：“教育孩子的全部秘密在于相信孩子和解放孩子。相信孩子、解放孩子，首先要赏识孩子。”所有孩子心灵深处都渴望得到别人的赏

识。孩子从父母欣赏的眼光、赞赏的话语、满意的点头、会意的微笑、热烈的掌声中得到肯定，赏识可以发现孩子的优点和长处，激发孩子的内在动力，增强孩子的自信心。

美国心理学家德里克曾说过：“孩子需要成人的鼓励，就像植物需要水一样。”的确，鼓励是孩子成长的道路上不可缺少的助推剂，是孩子茁壮成长的阳光。让我们都来鼓励孩子，让他们更加积极自信、快乐地学习和生活！

1.善于发现孩子的优点

小龙是个聪明且调皮的男孩，经常会出现许多“小问题”，制造诸多“麻烦”。

这一天，妈妈刚刚回家，听到爸爸正在生气的指责小龙：“没收拾好自己的物品就跑出去玩！说你多少次了，你怎么老是爱摆个烂摊子啊？”

说到气头上，爸爸又开始批评小龙的其他诸多错误，如粗心、脾气不好、贪吃等。

妈妈瞧瞧小龙，正满不在乎的嘟着嘴，满脸的不服气和不情愿。为了缓和僵局，妈妈若有所思的说道：“小龙身上是存在缺点，我想他自己知道那样做不对。每个人都有缺点的，可每个人身上也是有优点的啊！”

爸爸领会了妈妈的意思，定神后说：“是啊，有缺点不要紧，只要改正就好。其实小龙身上有许多优点，比如很爱劳动，喜欢主动帮助朋友。”

妈妈接着说：“还有呢，做事情很认真，学本领很聪明呢。”

小龙本来以为妈妈也会批评自己，谁知竟然夸奖自己。他被爸爸妈妈夸得都有些不好意思了。

最后妈妈说："小龙有这么多优点我们也很为你骄傲，如果能将自己的缺点改掉变成优点，那么小龙会是个了不起的人，大家会对你另眼相看的。"

听了妈妈的一席话，小龙轻轻点点头，仿佛若有所思。

从此之后，小龙的很多"毛病"果然都改掉了。

一位教育学家说："能发现孩子10个优点的父母，是优秀的父母；能发现孩子5个优点的父母，是合格的父母；如果不能发现孩子的优点，这种父母应该下岗。"发现孩子的优点，并用赞许的眼光对待孩子，适当给予夸奖，让孩子在父母的激励下努力发掘潜能，促使孩子获得惊人发展。称赞孩子会使孩子的优秀品质和行为得到强化，从而树立孩子的自尊心、自信心，促使其获得成功。

2.肯定孩子的成绩

张芳是一个聪明乖巧的女孩，不仅学习成绩优秀，在学校组织的各种竞赛中，也有非常突出的表现。张芳深深感受到：来自最亲的人的鼓励，比什么支持都重要。

张芳的爸爸妈妈都非常支持女儿的想法，譬如张芳做思考题时，有一次她发现自己的方法比标准答案的方法更简单，爸爸特意奖励了女儿一个大红苹果，并鼓励她继续想是不是还有更好的法子。女儿看新闻、报刊，倘若对某个现象有疑惑，或者有异议的时候，也往往会得到爸爸妈妈的鼓励，创造机会让女儿自己去做调研。如此一来，跟父母感情非常融洽的张芳不仅自信心得到提升，见多识广，思维也更加开阔，在各种竞赛中，她总能给大家带来惊喜。

鼓励和肯定会使孩子产生成就感，增强自信心，愿意更积极地努力，去取得更大的成绩。父母不要忽视孩子小小的进步和成绩，孩子生活在被肯定的状态下，才能形成良好的心态，才能具有自信和不断前进的勇气。

3.换个角度看孩子的不足

王磊很调皮，学习成绩也不好，但他特爱摆弄小零件，总喜欢把家里的录音机、电话机、小闹钟拆了装，装了拆，好些都搞坏了。妈妈发现后不但没有责骂他，还特意把一些坏了的家电收集回来给他摆弄，还时不时带他去向会修理的人请教。屋子里经常被搞得乱七八糟，妈妈却没放在心上，她只是经常夸儿子爱动脑筋，动手能力强。

有了妈妈的鼓励和支持，学习平平、调皮捣蛋的王磊发誓要当一个伟大的修理工。妈妈告诉他光会动手拆装东西还不行，还要明白原理，于是王磊在学习上变得用功了，他劲头十足，开始为自己的理想而努力。

喜欢被肯定是人的天性。每个孩子都有闪光的地方，这就需要父母换个角度发现孩子的长处，然后给予他最中肯的赞美和鼓励。这将有利于孩子的自尊、自信的建立。

4.引导孩子正确评价自己

生活中，父母要帮助孩子发现他的长处，肯定他的成绩，并且让优点长处进一步放大。因为一个人只有客观地评价自己和他人，与他们进行正确的社会比较，才有助于激励和肯定自己。

刘娜是7年级的学生，自小体弱多病，所以体育成绩比较差，但文化课成绩在班里却一直是名列前茅。一次上体育课，老师要求同学们沿着操场跑两圈，当所有的同学都跑了两圈时，刘娜只跑完了一圈，老师要准备下面的活动，所有的同学都站着等待刘娜。

此时的刘娜见几十双眼睛盯着自己，虽然老师和同学们嘴里没有说什么，但她感觉到别的同学对自己的轻视和嘲笑，心里十分难受，含着眼泪跑完。

放学回家后，刘娜的心情还没恢复，妈妈了解了事情的经过后，对刘娜说："孩子，你的学习成绩在班里名列前茅，只是身体太弱了。以后加强锻炼，争取做个全面发展的优等生！"听了妈妈的话，刘娜的心情好了许多。

俗话说："寸有所短，尺有所长。"每个孩子都有一定的长处，也都有他的短处。父母要引导和教育孩子对自己进行积极、正确、客观的评价，并且认识到任何人都具有自己的长处，也都会有短处或不足。要相信并发扬自己的长处，弥补自己的短处。在生活当中，父母还要注意并善于发现孩子的优点和点滴进步，并不时失机地给予肯定和表扬。孩子认为自己有优点，也能取得一定的成绩，便会增强取得更大更好成绩的信心和希望了。

倾听发自孩子内心的声音

每个人都需要倾听，孩子也不例外。对孩子来说，随时有人倾听自己、关注自己，这是一种最大心理上的支持；把自己心中的烦恼表达出来并且确知不会得到嘲笑，这更是对问题的一种再认和静化。孩子心中的烦恼就象一场暴雨后的水库，父母的倾听就像是打开了一道闸门，让孩子心中的洪水缓缓流进父母那宽阔的胸膛。

用心倾听孩子说话，不仅是在对孩子进行平等做人的教育，也是走进孩子心灵的有效手段。作为一个称职的家长，应学会倾听、乐于倾听，才能真正从孩子的倾诉中真切地感受和把握孩子的喜怒哀乐，真正了解孩子在想什么，希望什么；才能真正领会孩子的意图，分享孩子的快乐；才能有效地用父母的体贴去化解孩子的烦恼，营造出充满爱意的温馨家庭环境。

教育家周弘曾说过：“要想和孩子沟通，就必须学会倾听。倾听是和孩子有效沟通的前提。不会或者不知道倾听，也就不知道孩子究竟在想什么，连孩子想什么都不知道，何谈沟通？”可见，倾听是做好亲子沟通的第一步。

在《在清华男孩章启轩》一书中，章启轩的母亲有这样一段描述：

有一件事我印象特别深。那几天儿子很兴奋，因为学校里正筹备艺术节。儿子是个外向的孩子，每次吃晚饭时都要和我们说好多班里的新鲜事，他说艺术节有一个花展，他们班负责拿花，是那种盆花，他向老师报名要拿一盆菊花。虽然他说了两次，并一再叮嘱，可我还是忘了去市场买。那天我母亲病了，我一下班急着去看我母亲。我儿子哭了，很伤心。我一再安慰他，并给老师写了信，解释原因。可他还是很伤心。那两天，他在吃晚饭时话都很少。第三天晚上他很认真地对我说：“妈妈，下次再有这样的事，你一定要写下来，那样您就不会忘了，就像我记作业那样。”他只有9岁，我忽然觉得自己是个失职的母亲。

从那件“菊花事件”之后，我忽然意识到了：我和儿子需要进一步的交流，因为孩子能够自己解决的问题毕竟有限，更多的时候他需要家长的支持和帮助。让孩子过度的自立会让孩子误以为我们对他漠不关心，这不仅会影响到孩子的学习，而且更重要的是会僵化我们两代人之间的交流。

学校里少了一盆花照样美丽，但孩子少献了这一盆花就少了一次得到爱的机会。也许我当时只懂得了‘倾听’，还未掌握倾听的艺术，没能选择需要关注和解决的问题。然而亲子之间的交流应从倾听开始，倾听才是爱的表现。

父母要用爱的耳朵去倾听孩子的心声，才能完整地理解孩子的真实想法。在平时生活中，父母应增加对孩子的关注度，细致地观察孩子，明白孩子的暗示。

想要打开孩子的心门，探究孩子的内心世界，父母必须学会倾听孩子的心声。许多父母虽与孩子朝夕相处，却对他们并不了解。不了解孩子的想法，就很难有效地应对孩子的不听话行为。父母要想在纠正孩子不听话上取得有效的成果，首先得亲近孩子，取得他的信任，走进他的内心。耐心地倾听孩子的诉说，让孩子体会到关爱和温馨，从而对父母更加亲近与尊敬。这有利于孩子把自己的想法告诉父母，有利于父母对他们的不听话行为，进行明确的教育和指导。

有一个小孩早上上学总迟到，老师为此找其母亲谈话。母亲知道后，没有打骂孩子。她问儿子：“告诉我，为什么你那么早出去，却总迟到？”孩子先是愣了愣，见母亲没有责怪的意思，就说：“我在河边看日出，太美了！看着看着，就忘了时间。”母亲听后笑了。第二天一早，母亲跟儿子一起去了河边看日出，面对眼前的景色，她感慨万分："真是太美了，儿子，你真棒！"这一天，儿子没有迟到。放学回家，儿子发现书桌上放着一块精致的手表，下面压着一张纸条："因为日出太美了，所以我们更要珍惜时间和学习的机会，你说是吗？爱你的妈妈！"

父母能否走进孩子的内心世界，能否用心聆听孩子的心声，是教育成功与否的关键。当孩子犯了错误时，不妨先冷静下来，尝试着多一分耐心，问问孩子这么做的原因是什么。当家长的心思已经放在了解孩子的想法，并想办法帮孩子解决问题时，也许就会发现孩子的行为其实是情有可原的，并且也已经释放掉了很多负面的情绪。

倾听孩子的诉说是一把开启孩子心灵窗户的"金钥匙"。德国教育家老卡尔·威特说过："我在教育卡尔的过程中，渐渐掌握了一些与孩子进行沟通的经验，其中之一我称为'倾听的艺术'。"人的思想往往需要通过语言表达出来，如果你不愿意倾听孩子的心声，你怎么可能全面地了解孩子呢，不了解孩子，与孩子沟通时就会更显得费劲。所以，只有用心倾听孩子的心声，才能捕捉到有效信息，找准教育的切入点。

1.不要急于打断孩子的话

孩子虽小，但他们也有独立的人格尊严，有表达内心感受、阐述自己看法的自由。父母千万不能因为烦，就粗暴地打断他们，不要总是居高临下，而是要表示出认真倾听的样子，表示出你的兴趣，孩子就会兴致勃勃地讲下去，进而表达出自己的情感和思想，良好的亲子关系就建立起来了。

老师发现天天最近变了，以前活泼开朗、上课积极发言的他，现在变得沉默寡言，总是一个人发呆，学习成绩也下降了。老师经过细心地了解，才知道了天天不爱说话的原因。天天以前每天放学回家后，都会把学校发生的趣事说给父母听，可天天的爸爸是个对孩子要求非常严格的人，他把全部希望都寄托在天天身上，希望天天将来能考上大学、出人头地，因此，对天天的学习抓得特别紧。他觉得天天说这些话都没用，简直是浪费时间，因此每当天天兴高采烈地说话时，爸爸总是会打断他："整天只会说这些废话，一点用也没有，你把这心思放在学习上多好，快去做作业！"有一次，天天说班里发生的一件事，正说得兴高采烈时，爸爸说："说了你多少次了，让你别说这些废话，你还说，再记不住，看我不打你！"吓得天天一个字也不敢说，赶紧回到自己房间里去了。慢慢地，天天在家里话越来越少了，每天放学后他就只好闷在自己的房间里。

作为孩子的父母，只有认真倾听对孩子的诉说，才能产生交流中的互动。否则，没等孩子说完两句话，就不耐烦了，那就会伤了孩子的自尊心。这种交流方式不仅让孩子学会了隐藏自己的真实想法，渐渐地还向父母关闭了自己的心灵之门。

2.耐心听孩子把话说完

不要因孩子话语过长而感到厌烦，父母要善于控制自己的情绪，耐心倾听孩子把话讲完。特别是孩子发表见解或有火气的时候，更要耐心倾听，给孩子提供表达情感的机会，从而有助于问题的解决。

李敏的儿子15岁，在英国留学。暑假回来，在一次聊天中，李敏假装地随意问他："你有没有女朋友啊？"儿子郑重其事地想了想，回答说："还没有，不过我已经亲过6个女生了！"李敏当时听了差点没有从椅子上跌下来，不过，她没敢作出任何反应，只是又假装淡然地问："哦？已经亲过6个女生了啊，那后来呢？"儿子说："没有后来啊！反正她们都很丑！"

于是，在接下来的时间里，他开始一一描述这几个女生难看的地方，有的青春痘太多，有的屁股太大，有的牙齿有点暴突，而李敏则真心地和他一起讨论，笑得东倒西歪地听他夸张的描述。一直到最后，李敏才又淡淡地说："哎！你知道亲过以后就不能继续再做什么了吧？"儿子说："放心！我知道，我又不是傻瓜，我们老师说了，我们现在还太小，还不能负责任呢！"

在倾听孩子诉说的过程中，家长要有一点耐心，哪怕是刚开始听到很不满的情况，或孩子是错的，也要让孩子说完，这样才能对事情原委做出正确的判断和评价。话只听半截，很可能会曲解了孩子的真实想法和做法。所以说，只有学会倾听和认同孩子的感受，让孩子有诉说的机会，父母才能更多地了解孩子，并对孩子不正确的思想与做法及时进行纠正与引导。

3.给孩子一个表达的机会

玲玲是个人见人爱的女孩，她有一个幸福的家庭。爸爸是个生意人，每天工作繁忙，照顾女儿的责任主要落在妈妈身上。妈妈是个细心的人，每天玲玲放学回来，吃完饭，写完作业，母女俩会有雷打不动的一小时谈话时间。这是从小养成的习惯。

在这一小时的时间里，玲玲告诉妈妈学校里的各种事情，如老师的脾气个性，同学的趣事，学校的活动，学习上的喜悦和烦恼，还有自己的心里的各种情绪体验等，在这过程中，妈妈主要做一个忠诚的听众，与玲玲一起感受与经历。

若是玲玲有什么问题想得到解决的办法，妈妈也不会马上说应该怎么办，而是与玲玲一起讨论、商量，引导玲玲自己想出办法。这每天宝贵的一小时，从玲玲上幼儿园到中学，从不间断，伴随着她度过了宝贵的成长阶段，也营造了和谐的亲子关系。

很多家长总想多了解孩子，那么不妨给孩子一个表达的机会，鼓励孩子说出内心的真实想法。不要等待孩子主动告诉你们什么，而是要主动去找孩子，问问孩子在想什么。每天抽出一段时间，放下手中的事，常和孩子聊聊天。如此，家长就会走进孩子的世界，了解孩子。

孩子最讨厌的是父母的唠叨

在家庭教育中，有一种常见的现象：那就是父母对孩子不断地叮嘱，不断地提醒，不断地督促。这种唠叨，本意是对孩子的成长进行督促，其实这也是一种变相的施压，利用孩子的弱点和父母的权威对孩子施加无形的压力，往往收效甚微，甚至适得其反，使孩子产生厌烦情绪。

据相关调查研究发现，不管是中国的孩子还是日本、美国的孩子，令他们最无法忍受的就是来自家长的唠叨。

一个13岁的女孩讲述了发生在她身上的一件事情：

小时候，我对学习非常感兴趣，成绩也不错，可不知从什么时候开始，我对课外书产生了兴趣，学习成绩也就慢慢下降了。放学回家，我迫不及待地拿出《故事会》或者《少年文艺》，还有各种各样的作文选。我当然觉得非常内疚，因为作业还没有完成！我决定看完一篇最放不下的文章就写作业。这时妈妈过来了，一看见我手上的课外书，就有些生气地说："还看，还看，还不写作业！"我赶紧心虚地回答："看完这篇就写，也就10分钟"。"10分钟，这可是你说的。"在妈妈离开不到3分钟就又过来了，说："快看完了吗？不快点写作业，又要写到晚上12点了。"我没有理她，继续看我的书，心里有些厌烦。我听见妈妈继续在客厅里抱怨："人家的孩子都是一回家就写作业，你倒好，拿着这书那书瞎看，作业写到深夜，时间不够了就胡乱应付，成绩当然好不了。"我越来越烦，想想也是，成绩一直在下降，作业又难做，写起来很费劲，真泄气！妈妈还在旁边唠叨，书也看不下去了，我开始写作业，还没有10分钟，我就再也写不下去了；偷偷拿出那本书，提心吊胆地又看起来……当然，我又挨了一顿说，结果是到了12点那天的作业也没有完成。

从这个例子中看出：母女沟通失败的关键就在母亲过于唠叨。对一件事情，有时父母会重复好几次，特别是做母亲的，惟恐孩子不明白，不按自己的意思去做，这就是人们常说的"唠叨"。对于大部分的孩子来说，他们所不愿听的、反感的，正是父母的唠叨。他们越不愿听，做父母的就越不放心，反而加倍地唠叨起来，这就成了恶性循环。这种把嘴巴紧紧"盯"在孩子身上的情况，在家庭生活中特别普遍。

爱唠叨不仅是家庭教育中的问题，更反映出家长是否给予孩子充分的尊重、自由和对孩子独立人格的承认问题。许多家长无视孩子正在长大的事实，将"在家长眼里，孩子永远是孩子"这样论断一厢情愿地当成科学论断。认为只有通过“讲”来强化，孩子才能听得进去。然而这样的结果，却不能让孩子变得“听话”，也不能帮助孩子变得更优秀。

有一位母亲怕孩子不用心学习，不仅在家从早到晚提醒学习的事，而且和孩子一起上街时也不忘随时随地地进行现场教育。看见扫大街的环卫工人，告诉孩子你将来不好好学习就连这样的工作都找不着，掏厕所也要用机器，你也干不了；看见乞讨的，你不好好学习，将来也会这样。害的孩子以后不愿在与她一同上街，而且越来越自卑。本想主动学习，家长越说越不想学，家是让他头痛的地方。

心理专家认为，唠叨就是永远一个标准，一种腔调，在孩子身上翻来覆去地重复那几句话。老调重弹，反反复复说同样的话，会让人产生一种习惯性的模糊听觉，也就是明明在听，却根本不入心里去。所以，做父母的，不要老是只怪孩子不听话，也该静下心来想想，自己是否真的太唠叨了。

家庭教育是一门科学，更是一门艺术。唠叨只会引起孩子的反感，封闭心扉，产生逆反心理，只要家长设身处地为孩子想想，心平气和地与孩子交流，那么，定会成为受孩子欢迎的朋友。

1.讲话前要过滤一下

父母要克服唠叨，就要在对孩子讲话前经过一番过滤，不能信口开河。比如，规定孩子做好功课再开饭，但有的父母话虽讲出去了，可心里又怕孩子肚子饿，就没事找事地说：“你饿不饿？”“快做快做，饭都凉了！”“你还想不想吃饭？”诸如此类的自相矛盾的话，反映了自己感情的软弱，说话不算数，没有威望。

2. 一次错误只能批评一次

在批评教育孩子时，父母应切记：孩子犯一次错，一般只能批评一次。千万不要对孩子的同一件错事，重复同样的批评。如果问题严重一定要再次批评，也千万不要像鹦鹉学舌那样，简单地重复一次，应该换个角度进行批评。因为孩子一旦受到批评，需要一段时间才能恢复心理平衡，受到重复批评时，他心里会嘀咕："怎么老这样对我？"心情就无法恢复平静，反抗心理就高亢起来。如果一次错误只批评一次，孩子就不会觉得同样的错误一再被"穷追不舍"，厌烦心理、反抗心理就会随之降低。

3. 用简明的话语来表达

孩子犯了错误，父母要尽可能用简明的话语来表达，告诉孩子错在何处，如果孩子自己明白了，父母就不用再说；孩子有什么需要改变的，父母就明确指出问题所在并提出期望，同时尊重孩子改变的过程。

4. 变唠叨为交流

唠叨，其实是不懂交流的表现。因此，父母就要改变与孩子说话的方式，注意和孩子的情感交流。和孩子交流时，我们要顾及孩子的感受，多倾听他的想法，让他感觉到我们是与他在一起的，是相信他、支持他的，是真心为他着想的。家长要充满爱心和亲切感，态度和蔼，在孩子情绪最为平稳的时候交流效果最佳。

5. 说话要适可而止

父母教育孩子时，话不要多说，说一二遍就够。语气要坚决，声音要洪亮，点到为止，如果孩子不听，就采取行动，或者后果让他自负。比如，限制孩子看电视，你可以先给孩子约定时间，告诉他，时间到了就不许再看了。"我只说一遍，不然采取行动。"这样，等孩子看了一段时间后，你就走过来提醒：孩子，你看，时间到了。如果孩子自觉关机最好，如果说了没听，家长可以说，刚才我说了，我只说一遍，说了一遍没反应，对不起，我要替你关机了。这样的处理方式比较容易让孩子接受。会形成孩子的自觉性，并锻炼孩子的控制力。

6.就事论事，不翻旧账

当孩子犯错误时，不少父母总是喜欢翻孩子旧账，陈芝麻烂谷子的事都会翻出来说个没完。每次都是越说越激动，越激动越来气，越来气就会说得越多，说得越多也就越唠叨。其实，孩子在生活中犯一些错是正常的事，不必大惊小怪，孩子就是在不断地改正错误的过程中成长起来的。对于孩子犯的错误，家长应当就事论事，犯的什么错就说什么错，哪次犯的错就说哪次的错，联想太丰富了只能让孩子觉得你太烦人、太唠叨。

站在孩子的角度考虑问题

家长总是从大人的视角出发，把孩子应该做的事情想得理所当然，所以才会感到孩子不听话；而事实上，我们很少会考虑到，在孩子的视角上，我们的要求往往不可理喻。父母要想解决这些，其实有一个绝妙的办法——站在孩子的角度考虑问题。

美国教育家塞勒·赛维若说过这样一句话：“每个人观察、认识问题，都会有自己的视角和立足点。身份、地位不同，所得出的结论就不同。父母与子女间的年龄悬殊、身份各异是影响相互沟通的重要原因。若父母能站在孩子的立场上思考，一切将迎刃而解。”

有一个7年级女孩在日记中写道：

他们和我有较大的年龄距离，总喜欢从大人的角度来看待我的言行，对我的心事总是不以为然，有时还会笑话我，好像只有他们的事才是重要的，小孩子的事都是不值一提的小事。为什么他们就不能想想自己小时候是怎么样呢?怎么一长大就忘了呢?

记得有一次，我的同学说我坏话，我知道了觉得很委屈。回到家闷闷不乐，妈妈问我怎么了，我把原因告诉了她，她却说，这么小的事没关系。说完就管自己做事去了。听了她无关痛痒的话，看着她无所谓的样子，我反而更难受，她为什么就不能站在我的角度安慰我几句呢?

所以，我很烦很委屈的时候，都不会跟妈妈说心里话的。反正她都不重视我们小孩子的感受。

有些时候，孩子宁愿将自己的想法和心事告诉朋友或其他人，也不愿告诉父母，因为在他们心底，自己的想法和心事不会得到父母的认同。这时候，父母要放下家长的架子，学会以朋友的方式来和孩子相处，试着从孩子的角度来考虑问题，学会倾听孩子内心的想法，让孩子感受到父母和他是亲密无间的。

柳柳放学后很不高兴，向妈妈抱怨老师当着全班同学的面大声批评她。妈妈听完，根本不考虑孩子言语中的委屈，用质问的口气说："老师为什么要批评你？你是干什么坏事了？"柳柳听到妈妈这样说，瞪着妈妈，很生气地说："我什么也没干，老师是没事找事。""不会吧，老师不会无缘无故地斥责学生。再说，老师怎么不去批评别人？偏偏批评的是你？"

柳柳重重地坐在椅子上，更加不开心了。妈妈继续问道："那么这个问题，你打算如何处理呢？”柳柳很倔强地说了一句：“什么也不做！我真后悔跟你说这件事情！”妈妈意识到情况不妙，如果继续问下去，女儿一定会和她对立起来，这样什么问题也解决不了。

这时，妈妈悄悄改变了她的态度，平复了自己的情绪，用一种友好的语调对女儿说：“我想你当时是很尴尬的，因为老师当着全班那么多同学的面儿批评你，让你无地自容。”柳柳没有想到妈妈的态度突然会改变，有些怀疑地看了妈妈一眼，妈妈接着讲：“其实类似的事情我也遇到过。记得我念小学五年级的时候，在考场上，我的铅笔用完了，我站起来借了一支铅笔，老师大声地批评了我，让我很下不了台，我感到十分尴尬，也很气愤。和你这次的感觉一样。”

柳柳开始轻松了，也对妈妈的事情感兴趣了，并打开了话匣子：“真的？和我的情况几乎完全一样啊！我也只是在上课时借一支铅笔，因为我的铅笔不够用了。而且我借铅笔的时候小心翼翼，没有打扰别的同学。我觉得老师为这么简单的事情教训我，真是太不公平了！”“是这样。现在咱们来考虑以后怎样去避免这种情况。你能不能想出办法，今后避免这种尴尬的局面呢？”“我可以多准备一支铅笔；或者向老师说出我的问题，让老师帮忙想办法解决，就可以避免这种情况了……”“这个主意不错。”妈妈和柳柳愉快地交谈着。

站在孩子的角度，是对孩子的尊重，是有效沟通的一种重要技巧。作为父母应该学会换位思考的方法和技巧，当孩子遇到问题时，能够迅速以孩子的位置和角度来看待问题，分析问题，才能有效地解决问题。不仅如此，换位思考，还是一种了解孩子真实想法，快速拉近和孩子心灵距离的有效方法。

1.不要把自己的意愿强加给孩子

林慧的妈妈一直想让孩子成为出色的舞蹈演员，她觉得那样孩子会很风光，自己也会感到很光荣，于是，在没有征求孩子意见的情况下，她就为孩子报了舞蹈培训班。

为此，林慧没有了和伙伴们一起玩耍的时间，还被妈妈的期望压得喘不过气来。终于有一天，林慧累倒在舞蹈培训班上，妈妈这才意识到自己教育方法的失误。

于是，妈妈不再将自己的愿望强加到孩子身上，而是还孩子自由，让孩子享受本该属于她的快乐童年。而林慧也没有让妈妈失望，学习成绩不断上升，还被评为了“学习标兵”。

父母出于自己的主观愿望，把自己的兴趣和意愿强加给孩子。这样的做法是不正确的，不仅事倍功半，还会导致孩子的抵触情绪，伤害亲子之间的感情。

父母在引导孩子的兴趣与发展方向时，要懂得一些孩子的心理，不要干涉太多或表现得过于热衷和偏执，不要使孩子感到是来自父母的强迫，因而产生抵触情绪。父母要站在孩子的角度，分析孩子的特点和兴趣，结合孩子的实际，找到适合孩子成长成才的路。

2.与孩子平等沟通交流

现在大多数孩子都是独生子女，在很多方面是孤独的，缺少朋友的关心，这要求父母担当朋友的角色，分享孩子的喜怒哀乐，以平等的态度多与孩子沟通，进而建立良好的亲子关系。

女儿小芳与母亲的关系很好，两人无话不谈。一天晚饭后，小芳问母亲："假如爱情和事业只能选择一个，你选哪一个?"母亲心里一惊，14岁的小姑娘怎么问了一个成年人的大问题?看来得认真对付，母亲说："我选择爱情，有了爱情才会有温暖的家，即使事业不成功，也有个避风雨的港湾哪。"哪知小芳竟然胸有成竹地表示："我选择事业，事业成功了，爱情自然会来。"母亲思忖着说："事业成功的喜悦也该有人分享啊……"

"可是，爱情太麻烦了，我不喜欢唯唯诺诺的男人。" 小芳反驳道。

一语道破天机，母亲知道她一直暗暗和一位男生关系忽冷忽热，并且她正为这似断非断的关系而烦恼。这不，自己就嫌烦了，母亲又不便于捅破。于是，母亲借用了一句歌词自编自唱："爱情这东西，拥有了好麻烦，没有了又拼命想，来早了添麻烦，来晚了又着急，不早不晚最香甜。" 小芳会意地笑了。

这真是一个开明、睿智的母亲，她学着与女儿交朋友，学着与女儿平等对话，与女儿的心更加贴近了，交流也更容易了。

与孩子平等相处是现代家庭教育的新理念。所以，家长首先要摘下大人的面具，做孩子的知心朋友，细心观察孩子的情绪变化，了解孩子的喜怒哀乐，并与其交流思想。父母不妨遵循"父母=朋友+老师"这样的思维方式，如果孩子能把你当成知己和一面镜子，你们的关系就会融洽一些，相互间的交流也更有效，因为教育本来就意味着伴随和支持。

先控制情绪，再与孩子沟通

是否能控制自己的情绪是一个人心理成熟的标志。这一点对父母尤为重要。情绪在亲子关系中扮演着很重要的角色。父母的不良情绪会传染孩子，不但不解决问题，反而会激化矛盾，使家庭关系紧张，不利于孩子心理健康成长。相反，父母的良好情绪状态有利于建立良好的亲子关系，使父母对孩子的教育更为顺利。所以，想教育好孩子，改变孩子的不良行为，父母首先要调整好自己的情绪。

“你看看你，读7年级时还是全班前10名，从初二开始成绩就一落千丈，期中考试居然落到了全班中游……”一位母亲用食指点着孩子的脑门儿：“我为了你的学习，还向单位请了三个月长假，妈妈辛辛苦苦辅导你换来了什么？！居然换来了你数学考了倒数第一，难道我们真的生了你这么一个笨儿子？！”孩子坐在妈妈的旁边一语不吭，一副若无其事的样子，偶尔用眼球白妈妈一眼。“你看看，还不服气，早知道在生你的时候就把你送给收破烂的……”这位母亲越说越来气，就差伸手打孩子了。

上例中情况是家教中的普遍现象，父母教育孩子时常犯情绪化的毛病，不能理智地、始终如一地教育孩子。有时孩子甚至无过错，或者问题微不足道，家长却把生活、工作、学习中积聚的情绪，无端地发泄在孩子身上，迁怒于孩子，孩子成了家长的出气筒，这对孩子的伤害就更大了。

有一位母亲下班回到家后，一脸怒气，因为她在单位受到了领导的批评。此刻正躺在床上闹心呢！可她的女儿却不知道妈妈不开心，仍然像往常一样拉着妈妈手，眉飞色舞地说着在学校里发生的一些趣情。

“妈妈，告诉你一件特别有意思的事情。我同桌今天上课吃东西了，还拿课本挡住了嘴巴，可是，他仍然没有逃过老师的‘法眼’，被抓个正着……”女儿在妈妈面前手舞足蹈地说着。

“哦？是吗？”妈妈在一旁没精打采地回答道。

“对呀？你猜猜他是怎么被老师发现的呢？”女儿扯着妈妈的手，故意卖关子。

妈妈瞅了她一眼，没有理她。女儿开始撒起娇来了：“妈妈，我在问你问题呢，你快猜猜好不好？”女儿不停地拉着妈妈的衣襟央求着。

妈妈显着有些不耐烦了，说：“我怎么知道？你快一边玩去吧！”

女儿并没有注意到妈妈神情的改变，还是在那一个劲地往下说：“你猜猜……你不会连这点小问题也猜不到吧？你可是一个非常聪明的妈妈呀……”女儿边笑边推着妈妈的肩膀。

妈妈此时发怒了，说：“你这孩子，没看见我正烦着吗？别烦我，去！去一边做作业去！再在我身边啰嗦小心我揍你……”

女儿被妈妈的吼声吓了一跳，撇着嘴默默地回到了自己的房间……

大人工作压力大，情绪低落是可以理解的；小孩子喜欢向大人撒撒娇，引起大人的注意，这是小孩子的天性，也是无可厚非的。但如果因一时之气把坏情绪带给孩子，对孩子的成长不利，同时也会令父母的形象受损，在孩子面前失去威信。

在教育孩子的过程中，父母要注意自己的情绪。如果将不良情绪传给了孩子，教育结果可以说等于零。

在家庭教育过程中，家长的头号大敌就是难以控制自己的情绪，对孩子生气发火，教育方式简单粗暴。这样，父母不仅无法帮助孩子纠正自己的行为，反而会使孩子在生理、心理上产生消极的应激状态，比如消化受阻、意识范围缩小、认识机能下降、言语行为紊乱等，身心健康受到严重影响。所以，要想帮助孩子改正错误，避免对抗，你得学会让自己冷静，控制好自己。如果能把精力放在控制自己的行为上，而不是控制孩子的行为上，得到的结果会出乎意料地好。

成功学常说："掌控情绪，才能掌控未来。"在教育孩子的问题上，其实也是一样的道理。所以，在教育孩子时，父母一定要控制好自己的情绪，只有把精力用在控制自己的情绪和行为上，我们才有能力教育好自己的孩子。

1.学会"躲避"坏情绪

在家庭教育的过程中，不少父母缺乏控制自己负面情绪的能力，常常以冷言冷语、摔打东西、训斥孩子等不正确的方式来表达自己的担心、烦躁、愤怒及挫败感，这直接造成了亲子沟通的障碍以及孩子的叛逆心理。所以，当家长自身的情绪状态不好或孩子出现问题引起你情绪冲动时，可以暂时把教育孩子的问题搁置到一边，先花一点时间调整下自己的情绪，等到情绪稳定时再和孩子们沟通，这样就能确保不使情绪干扰对孩子的正确的教育了。例如，父母可以先转而去做别的事情，转换一下思维；或者什么都不干，找个地方自己冷静一下；还可以听听音乐……千万不要以为孩子们还小就以为他们“读”不出家长的情绪，其实孩子们十分敏感。

2.不要打骂孩子

在教育孩子的过程中，许多家长都陷入了“暴力误区”。他们期望用强势的态度来指引孩子的成长，结果适得其反——培养出来的孩子要么更具叛逆性，要么具有暴力倾向。暴力教育能让孩子变得顺从，但不会让孩子变得聪明和懂事；能让他们变得听话，但不会让他们变得自觉和上进——暴力教育能得到一些暂时的、表面的效果，但它是以孩子整体的堕落和消沉为代价的。

一位经商的父亲平时工作缠身，无时间教育孩子，孩子平时迟到旷课，打电子游戏、进网吧上网，上学时背上书包到教室转一圈，然后想干什么就干什么，放学后背上书包回家，父亲一点儿也没发现孩子有什么异常。日复一日，孩子旷课累计超过了一定节数，学校要进行处分，叫来了父亲，父亲大吃一惊。回到家对孩子使用“家法”，打得孩子低了头，认了罪。表面上看这场风波平息了，孩子也不敢旷课了。可孩子的思想问题并没有解决。在到校后的几周内，连续参与五起打架事件。孩子害怕学校处分，更害怕家长的斥责、毒打，偷偷离家出走……

打骂孩子是一种陋习和恶习。一位用武力征服孩子的家长，无论财富多么丰厚，地位多么显赫，学问多么高深，打人的理由多么充足，都是智慧不足的表现。其实，不打骂孩子一样可以教出优秀的孩子，每个父母都应该牢记这个教育理念，把孩子当朋友，这是家庭教育中的重要原则。所以，为了使孩子能够健康地成才，现代父母必须拒绝打骂孩子，改变以打施教的教育方式，对孩子循循善诱，以理服人，给孩子的成长创造一个良好的成长环境和一片快乐的天空。

3.不要迁怒于孩子

李女士是某公司的销售经理。一天下午，李女士和客户发生了争执，面对盛气凌人的客户，她实在忍不住与对方在大庭广众之下争吵起来。回家后，她尽量克制自己，希望不要将这种不良情绪带给儿子和老公，在公司发生的事情她只字未提，但随后发生的事情还是将她的火气“点”了起来。吃晚饭时，老公埋怨菜咸，吃完饭碗也不洗就和儿子玩跳棋。在她收拾完家务后，家里的玩具丢得到处都是，到了睡觉时间儿子怎么也不愿意去睡，她叫了很多次，儿子像没有听到一样，就是不去睡觉……李女士当时再也忍不住了，想到自己在外面受那么多气都是为了这个家，可儿子一点都不体贴自己，竟然这么不听话，便拿起衣架对着儿子屁股就使劲打了起来，儿子没有见过妈妈发这么大的火，吓得大哭。平静下来后，想到儿子哭得那么伤心，李女士非常难过，因为自己心里不舒服，却将这种负面情绪影响到家人。

社会竞争越来越激烈，每个人的压力都不小。而这种压力，是需要一个宣泄的渠道的。但是，孩子不应当成为家长的出气筒，那样做，只会让孩子的情绪也受到我们的影响。所以，当我们在工作上、在生活中碰到不如意的时候，记得找到一个合适的方法来排解，别让孩子成为无辜的牺牲品。

多协商少命令，孩子更愿听你的话

生活中，经常听到父母抱怨：我们说话孩子不爱听，怎么办？其实，他们跟孩子说话多数是用指令性的语气说的。这种语气在孩子小的时候还算行得通，但随着孩子的人格独立性不断增强，这样沟通的结果是，孩子越来越不听话。

苏联教育家巴班斯基曾经说过：“父母经常用命令的口气对孩子说话，叫孩子做事，会使孩子产生逆反心理，很难收到预期的教育效果。而一直在命令中做事的孩子，会缺乏主动性，容易形成懦弱的性格，不利于孩子的成长。”可是在我国，只要是有孩子的地方，就可以听到父母命令式的表达。在很多家长的意识中，孩子什么都不懂，做家长的管教孩子是理所当然的。他们认为，对孩子发号施令是做父母的权利，孩子还小，需要父母给他们指示和命令。有的家长还会为了维护自己作为父母的威信，刻意去塑造一个高高在上的家长形象，对孩子的口气也是命令式的。

在父母眼里，海玲是个不听话的孩子，因为不管父母让她做什么，她总是不听从。海玲也不喜欢父母，原因是他们不尊重自己，老用命令的口气让自己做这做那。因此，海玲与父母的关系一直都不好。

一次，海玲正在专心画画，妈妈命令她说：“小玲，过来帮我洗菜。”海玲不情愿地回答道：“我在画画。”妈妈看见海玲没有起身，走到她面前严厉地说：“我叫你洗菜，你听见没有？你还想不想吃饭？”海玲抬头看着妈妈说：“我正在画画，我的画还没有画完。”“你的画能当饭吃？”说着，妈妈拿起她画了一半的画，几下把它撕碎，扔在了地上，然后再次命令海玲道：“去洗菜！”海玲看着妈妈野蛮的行为，听着妈妈命令的声音，伤心极了，她怒视着妈妈，说道：“我今天不吃饭！”说完，站起身跑进了自己的房间，把门反锁上了。

事实表明，父母以居高临下的命令姿态来跟孩子说话，只会引起孩子的抵触情绪，产生逆反心理。只有父母转变姿态，不用命令的口气跟孩子说话，才有可能让孩子感受到平等。

现代教育观念认为，孩子是发展中的个体，具有独立的人格和鲜明的个性心理特征，在向周围世界学习的过程中，他们处于主体地位，是学习的主人，父母应培养富有创造性和主动精神的孩子，让他们在探索中发现，在发现中提高和成长，因此，了解孩子、尊重孩子、激励孩子、诱导孩子是成功的教育方法，强迫责令，以成人为中心，往往使孩子被动，收不到好效果。

英国著名哲学家赫伯特·斯宾塞说：“对孩子要少下命令，命令只有在其他方式不适用或失败时才用。所以父母不管要求孩子做什么事情，一定要注意用商量的口吻，而不要用命令的口吻。父母与孩子之间应该是商量，而不是命令，也不应该是命令。”随着孩子年岁的增长，子女在喜好和兴趣，甚至交友诸方面看法都会与父母有分歧。这时父母对子女的一些喜爱与兴趣绝不能简单地禁止，而应在充分尊重的前提下与子女商量，以求得共识或找出正确解决的途径。美国成功学家卡耐基说过，用“建议”，而不下“命令”，不但能维护对方的自尊，而且能使他乐于改正错误，并与你合作。

在很多人眼里，董惠是一个十分听话懂事的女孩。这是由于她的父母教育有方，遇事爱与她商量的结果。董惠虽然只是个初中生，但父母总是乐于听取她的意见，凡事与她商量后才做决定。

有一次，董惠的姥姥生病了，妈妈想去姥姥那里照顾一段时间，又怕自己走了他们父女不能很好地生活，就与董惠商量这件事情。董惠知道妈妈一走，自己吃饭就要降低档次了，因为爸爸只会做一些简单的饭菜。但想到姥姥躺在病床上需要人照顾，她就同意妈妈过去。妈妈这才放心地走了。

董惠的父母就是这样，很多事情都与她进行商量，因此避免了很多矛盾，少了别的父母与孩子之间的隔阂。而董惠在父母的尊重与信任下，也变得更加通情达理，成了人见人夸的懂事女孩。

事实证明，父母要求孩子做某事时，若改命令式为商量式，效果就会大不一样。命令是不平等的，而商量则体现了父母与孩子之间是平等关系。在平等的前提下，孩子更容易与父母建立良好的亲子关系，更容易接受父母的要求和教导。

孩子是一个独立的个体，有自己的想法，也有强烈的自尊。他们希望父母能够平等地对待自己，不愿意听到父母命令自己的口气，更不喜欢父母强迫自己的行为。家长应了解孩子的这种心理，改变居高临下的教育方式，用平等、友善的态度与孩子交流思想，在语言上要变命令式口吻为商量式口吻。

1.放下权威至上的观念

不少家长都在抱怨孩子越大越不听话。可我们有没有想过孩子为什么不听话?我们又为什么一定要让孩子听话?其实很多时候是源于自己错误的权威欲——不容孩子质疑不容孩子反抗的权威欲。

2.少用命令的语气和孩子说话

张涵是一名刚进入初三的学生，新学期刚开始，妈妈就给她制订了一份学习计划，满满的一张纸将张涵整个星期的时间都给占用了。除了学校每天的课程外，张涵放学后还得去辅导机构写作业，周六上午去补习英语，下午补习数学，星期天上午还有物理辅导，而剩下的周日下午还要去作文班。

看着妈妈手里的这份作息表，张涵表示坚决反对：“我知道自己进入初三了，再过一年就要中考，所以得加紧学习，但是你们也不能将我的休息时间全部排满吧，我是人，不是机器，需要有放松的时间。”

“妈妈这样做都是为了你好，不加紧学习，怎么考重点中学啊？”妈妈虽在劝说张涵，但是语气坚决。

“我知道你们是为了我好，但是你就不能给我留点时间让我自己安排吗？”张涵急了，向妈妈哀求道。

“你自己能做什么安排啊？你现在唯一要做的就是认真学习。”张涵妈妈不相信女儿自己能做出好的安排。

“可是你们就不能尊重一下我自己的想法吗？我需要学习，但是我也想在周末的时候去做一些自己喜欢的事，我想学游泳，想和同学去打网球。”

“这就是你的安排吗？现在都什么时候了，你还想着玩。不行，这件事情就这么决定了，每个周末就按照妈妈给你计划的去做，妈妈也是为了你好。”听了张涵的话，妈妈更加生气了，张涵的计划最终也没能得到妈妈的同意。

孩子不愿意听父母发号施令，是因为他们已经有了独立思考问题的能力。孩子的世界中有自己的规则，父母不按孩子的意愿来，就容易给孩子带来伤害。所以，父母要放下权威的架子，把自己放在和孩子平等的位置，少使用命令的口气，多一些商量的语言，就能使孩子改变对父母的抵触，消除或减轻两代人的隔阂，孩子也会变得更易于交流。

3.征求孩子的意见

在家里，家长不要事事决断，一切听家长安排。这样时间长了，会养成孩子“依赖”的坏习惯。家长应该把孩子当成“朋友”，遇到事情，多与孩子商量，听听孩子的意见。

陈先生夫妇准备购买一套房子。他们千挑万选，挑出了较中意的两个楼盘，却不知道哪一套更好些，为此夫妻两人的意见出现了分歧。

一天，夫妻俩又因为房子的事情争执了起来。这时候，待在一旁的刚上小学六年级的女儿红红终于忍不住了，大声地对爸爸妈妈说：“你们要买房子怎么从来都没有征求过我的意见呢？”

陈先生夫妇立刻停止了争吵，惊讶地看着女儿，半天没说出话来。

“小孩子家懂什么啊，你能有什么意见？”陈先生首先从惊异中醒过神来。

“就是，买房子是大人的事，关你什么事啊？你管这么多干什么？”妈妈也随声附和。

“买房子是一家人的事，我也是这个家庭的一员，为什么就不关我的事呢？”红红生气地反问道。

“就算让你知道，但是懂如何买房子吗？小孩子好好学习就行了，别管闲事。”爸爸朝红红一摆手，很不耐烦地说。

“谁说我不懂，我知道爸爸要买××花园，我还知道，那里的房子根本不能买。”

“为什么不能买，你知道什么啊？”陈先生吃惊地望着女儿。

“××花园的旁边有一片空地对吧？那里马上就要建化工厂了，爸爸想以后天天都闻化工厂的怪味吗？”

“什么？化工厂？我怎么不知道？你听谁说的啊？”陈先生非常疑惑地问女儿。

“我同学的爸爸是化工厂的厂长。那天我无意中听到你们说想买××花园的房子，我就给她说了，她说不能买那里的房子，因为她爸爸曾告诉她化工厂马上就要搬到那个小区的旁边了，她还说化工厂的气味对人体的危害可大呢。”

“真的吗？要真是那样，这房子就真的不能买了。”陈先生自言自语地说。

后来，陈先生打听了一下，女儿说的消息确实是真的。于是，他就买了另一个楼盘的一套房子。

孩子也是家庭的一员。家庭中不管遇到什么事情，尤其是和孩子密切相关的事情时，父母都不要自作主张，都应该和孩子商量一下，征求孩子的意见，取得孩子的理解和认同。父母遇事经常和孩子商量，是对孩子的一种赏识和尊重。

生活中，父母和孩子尽量保持一种平等的地位，遇事要征求孩子的意见。喜欢与孩子协商的父母是好的父母。在这样的家庭氛围中，孩子渐渐养成了协商的习惯，会愿意主动与父母进行沟通，这样的亲子关系是非常令人羡慕的。

正确批评，给孩子前进的动力

在教育孩子的过程中，批评是少不了的，但是讲求方法和技巧的批评才能收到预期的效果。苏联的著名教育学家马卡连柯曾经指出："批评应当是教育"，"合理的批评制度不仅是合法的，而且也是必要的。"中国青少年研究中心的专家也说过，没有批评的教育是不完善的教育，没有批评的教育是一种虚弱的教育、脆弱的教育、不负责任的教育。因此，从父母的教育方式上来说，合理的批评是正当的教育行为，这关系到孩子的自我评价、自信水平和健康成长，是家庭教育中不可替代的方法之一。

事实证明，合理的批评能帮助孩子学会自律、自我约束，能使孩子明白做什么事情是对的，为什么要坚持下去，什么事情是做不得的，应当怎样改正，能帮助孩子建立自信，教会孩子自己学会做判断、做决定，增强他们的心理承受能力，磨炼他们的意志。

贝利从小就显现出非凡的足球天赋，他常常踢着父亲为他特制的"足球"——用一个大号袜子塞满破布和旧报纸，然后尽量捏成球形，外面再用绳子捆紧。贝利经常在家门前那条坑坑洼洼的小街，赤

着脚练球。尽管他经常摔得皮开肉绽，但他始终不停地向着想象中的球门冲刺。

渐渐地，贝利有了些名气，许多认识不认识的人常常跟他打招呼，还向他递烟。像所有未成年人一样，贝利喜欢吸烟时的那种“长大了”的感觉。

有一次，当贝利在街上向别人要烟的时候，父亲刚好从他身边经过，父亲的脸色很难看，贝利低下头，不敢看父亲的眼睛。因为他看到父亲的眼睛里有一种忧伤，有一种绝望，还有一种恨铁不成钢的怒火。

父亲说：“我看见你抽烟了。”

贝利不敢回答父亲，一言不发。

父亲又说：“是我看错了吗？”

贝利盯着父亲的脚尖，小声说：“不，你没有。”

父亲又问：“你抽烟多久了？”

贝利小声为自己辩解：“我只吸过几次，几天前才……”

父亲打断了他的话，说：“告诉我味道好吗？我没抽过烟，不知道烟是什么味道。”贝利说：“我也不知道，其实并不太好。”说话的时候突然绷紧了浑身的肌肉，手不由自主地往脸上捂，因为，他看到站在他跟前的父亲猛地抬起了手。但是，那并不是贝利预料中的耳光，父亲把他搂在了怀中。

父亲说：“你踢球有点天分，也许会成为一名优秀的运动员，但如果你抽烟、喝酒，那就到此为止了。因为你将不能在90分钟内保持一个较高的水准。这事由你自己决定吧。”

父亲说着，打开他瘪瘪的钱包，里面只有几张皱巴巴的纸币。父亲说：“你如果真想抽烟，还是自己买比较好，总跟人家要，太丢人了，你买烟需要多少钱？”

贝利感到又羞又愧，眼睛里涩涩的，可他抬起头来，看到父亲的脸上已是泪水纵横……后来，贝利再也没有抽过烟。他凭着超人的自控能力和自己的勤学苦练，终于成了一代球王。

孩子在成长过程中必然会出现很多缺点，也会犯许多错误，批评就是对孩子的缺点和错误提出意见。我们应该告诉孩子什么是正确的，什么是错误的；什么是善良的，什么是邪恶的……从某种意义上说，孩子的成长过程，就是不断改正错误的过程。所以，当孩子犯错误时，父母应平心静气地面对孩子的错误，帮助孩子从错误中汲取教训，只有这样，孩子才能更好地成长。

有一次，某学校几个属鼠的男同学在期中考试中考了满分，挺得意，有点飘飘然，他们的班主任发现了，就对他们说：“怎么，得意了？你们知道得意意味着什么吗？今天下午班会的时候，我告诉你们。”那几个男同学猜想：糟了！在下午的班会上，等待他们的准是狂风暴雨！可奇怪的是，在班会上，班主任的批评却妙趣横生。他是这么说的：“树林子要是大了，就什么鸟儿都有。自然，天下大了，就什么老鼠都有。我就听说过这么一个故事。有只小老鼠外出旅游，恰好两个孩子在下兽棋，小老鼠就悄悄地看，还发现了一个秘密，这就是，尽管兽棋中的老鼠可以被猫吃掉，被狼吃掉，被虎吃掉，却可以战胜大象，于是立刻认定，我才是真正的百兽之王呢！就这么一想，小老鼠就得意起来了，从此瞧不起猫，看不起狗，甚至拿狼开心。有一天，他还大摇大摆地爬到老虎的背上，恰好老虎正在打瞌睡，懒得动，就抖了抖身子。小老鼠于是更加得意，他还趁着黑夜钻进了大象的鼻子，大象觉得鼻子痒痒，也就打了个喷嚏，小老鼠立刻像出膛炮弹似的飞了出去，就这么飞呀飞呀飞，好半天好半天，才扑通一声掉在臭水坑里！好，现在就请大家注意一下，‘臭’字是怎么写的？‘自’‘大’再加一点就是‘臭’。今年正好是鼠年，咱们班有不少属鼠的同学，那么，这些‘小老鼠’们会不会也掉到臭水坑里呢？我想不会，但必须有一个条件，这就是永不骄傲！”说到这，这位班主任还特意看了看那几个男同学，那几个男同学当然明白，老师的批评全包含在那个有趣的故事中了！他们挺感激老师既没有点破他们，又给了他们方向、动力。所以他们很快改正了自己的缺点。

这个故事告诉我们，批评不一定就是严词斥责或是大声叫骂，批评完全可以由另外一种方式表达。给批评“穿上”表扬的“外衣”，更容易被孩子接受。这种做法保护了孩子的自尊心，从正面引导他改善自己的不足，这就是批评的艺术。

在教育孩子上，处处留心皆学问。我国著名教育家陶行知先生曾说过一段话，他说：“在教育孩子时，批评比表扬还要高深，因为批评一定要讲究方法，这是一门艺术，你用得好它比表扬的效果还有用。”批评是为了让孩子对自己的过失负责，培养一种责任，教育是为了让孩子学会自我管理，培养自控的能力，所以要孩子养成良好个性和行为习惯，父母必在必要时妙用批评，掌握批评的技巧。

1.不要当众训斥孩子

人人都有自尊，换句话说就是都要面子。然而，有的父母会因为一时生气而不顾场合地批评孩子一顿；有的父母不把孩子的自尊心当回事，认为这么小的孩子哪有面子；有的父母则是隐约为了显示自己的教育能力，所以不顾外人在场就教训孩子。其实，无论出于什么原因，父母当着别人的面批评孩子不但没有尊重孩子，还会使孩子幼小的心灵中留下难以抹去的痕迹，挫伤孩子的自尊心，甚至发生心理障碍，影响身心健康。

李鸣住爷爷家已经两个星期了，这期间他一次家都没回过，因为他很气愤。

那天是星期天，李鸣带了几个同学回家玩。当他们玩得正兴起的时候李鸣妈回来了，李鸣妈妈估计是看到家里被这些孩子弄得太乱了，于是，气冲冲地跑过来，劈头盖脸地对李鸣一顿臭骂，妈妈当着那么多人的面骂自己，而且还是在自己很要好的同学面前，这让李鸣接受不了，觉得自己很没面子，为了表示自己的愤怒，李鸣二话不说，一口气冲到了爷爷家，一住就是两个礼拜，到现在气都还没消。一想起这事，李鸣就觉得气愤异常，心想，妈妈怎么能这样对他，太不给他面子了，以后在同学面前还怎么抬得起头啊！

人人都爱面子，不仅大人如此，孩子也一样。特别是进入青春期的孩子，独立意识强烈，希望别人尊重他们的自主性和独立性。家长要懂得保护孩子自尊，不应该当众批评孩子，而应该给孩子留有足够的面子，这样才能让孩子更加亲近家长，更自觉地听取家长的意见。

2.不要“翻旧账”

有的孩子由于自制力差，有时会一而再、再而三地重复犯同样的一个错误。这时候，我们也不应该去纠缠旧账，而要就事论事，错在哪里就批评哪里。批评目标集中，批评一次就只能针对一次的错误，在什么地方、什么事上错了，应当只就这个错误进行批评。

3. 不要一味呵斥

如果父母在一旁呵斥，孩子刚刚萌发的反省心也会一下子化为乌有，进而产生反感，破罐子破摔，如此就会带来相反的效果。当孩子遭到较大挫折时，换句话说，当孩子处在成长的关键时刻时，父母与其当场数落，不如给孩子留下自我思考的机会，等事情过后，再慢慢地“细问”：“那件事怎么样了？”“当时觉得很困难吧？”有了反思的机会，孩子才有可能从各个角度去检讨错误，并从中吸取教训。

4. 允许孩子做出解释

有时候，父母由于对情况了解不够全面，可能会做出不符合事实的批评。在这种情况下，要允许孩子做出解释。如果强迫孩子接受自己的批评，那么孩子只能虚假接受，而心里却大感委屈。总之，当孩子犯错后，不要剥夺其说话的权利，而要给孩子一个申诉的机会，让他把自己想说的话和盘托出，这样父母会对孩子所犯的错误有一个更全面、更清楚的认识，对孩子的批评会更有针对性，也让孩子能心悦诚服地接受自己的批评。与此同时，父母也要让孩子明白，允许他解释，并不是让他来推卸应负的责任。在孩子解释时，父母也要要求他心平气和、实事求是。

5.让孩子愉快地接受批评

当你批评的时候一定要让孩子感觉到你的批评是对事不对人，家长批评孩子的目的就是为了帮助他提高认识，端正态度，纠正错误的行为。所以，家长在批评孩子时，应根据客观事实，避免主观明确地提出批评。用客观事实说明什么是导致你批评他的原因，避免做主观评价，做到批评其行为而不伤害其本身。指出孩子的行为本身有何错误，而不应该对他进行人身攻击、人格侮辱等。

第八章　敏感时期，父母要陪孩子一起走过青春期

将正确的性观念灌输给孩子

青春期是青少年性生理发育成熟开始走向独立的关键时期。许多处于青春期的学生常常被“性”困扰而产生疑惑、紧张、焦虑等心理，有的则出现早恋、不正当的性交往、性犯罪等问题。这些问题不但影响学生的学习进步，还会阻碍学生心理品质的健康发展。因此，加强性教育已经成了一个不容回避的问题。

有一个16岁的女孩，平常看着挺文静，可对父母的逆反心理很重。父母告诫她不许交男朋友，她非但没听，还处了好几个，而且都是小混混类型的。后来家里也没辙了，不再反对她交男朋友，但底线是不能和男生发生性行为。可担心什么就发生什么，女孩15岁时就做了两次流产，最近又做了一次，把家长愁得都不知道该怎么教育她了。

为什么案例中的女孩子会一而再地做流产手术？关键是缺乏应有的性知识指导，更缺乏性心理、性道德方面的教育。这不能不说是父母在性教育方面上的失责。

英国哲学家罗素说过：“一切无知都是令人遗憾的，但是对性这样的事无知，则是严重的危险。”调查显示，大多数少女承认她们怀孕是因为未采取任何避孕措施。其中的主要原因是在于，她们没有接受到来自家长或老师的信息和忠告，对性行为的后果不了解，好奇心战胜了理智，结果等怀孕之后又悔之晚矣。

在我国，性教育长期以来被列为一个禁区，不管是在学校还是在家庭里，经常出现“谈性色变”的局面。但随着社会的高速发展，丰富的物质生活，加上报刊、电影、电视、电子游戏，特别是网络等各种媒体的“十面埋伏”，形形色色的信息无不刺激着孩子们的感官，让孩子主动或被动地接受着来自于外界各方面的影响，其中不乏性方面的影响。此时，家长如果不用正确的性知识对孩子进行引导和教育，不让孩子性知识的丰富与身体的性成熟同步发展，将是一件很危险的事情。

特别是处在青春期的孩子，他们在身体、生理、心理、意识、人生观、价值观等方面发生了巨大变化，是各方面成熟转变的关键时期，也是性与生殖健康教育的关键时期，很容易产生性困惑，如果问题不能及时得到解决，还有可能误入歧途。

青少年心理咨询专家认为，性教育是青春期教育的核心，是青春期的头等大事。性教育不仅是知识教育，而且是人格教育。性教育的最终目的，是要让孩子学会正确地面对“性”。因为从某个角度来说，一个青少年只有学会了正确地面对“性”的态度，才算是获得了良好的人格。

因此，及时对孩子进行性知识教育，能使他们的性生理、性心理、性意识、性观念、人生观、价值观等获得健康发展，从而抵御社会消极文化的影响，顺利度过青春期，走向健康人生。

1.父母要树立正确的性观念

视“性”有如洪水猛兽，不让孩子接受性教育，这是中国父母常犯的一个错误。而实际上，性教育是孩子的必修课，为什么要这样说呢？如果你有孩子，特别是当孩子长大一些，你会发现很多跟孩子有关的性信息就会纷至沓来，这些问题会让父母感到特别困扰，因为父母不知道该怎么回答。比如孩子常问的一个问题“妈妈，我是怎么来的？你怎么生的我？”妈妈就会很难回答。甚至孩子还会问一些更复杂的问题，父母更不知道该怎么回答。我们中国的父母大部分都没有受过正规的性教育，不知道该如何面对这些问题，更别说对孩子侃侃而谈。即使觉得有教育的必要，也把责任推给了学校和老师，自己能避就避。但从心理医生的角度，他们主张“性方面，父母是老师，家庭是课堂”，对孩子进行正面性教育是必要的启蒙，也是孩子心理健康的保证。所以，父母首先自己应该树立正确的性教育观念，要知道，性教育对孩子来讲是必需的、有益的，对孩子关于性方面的提问绝不应回避，而应该尽可能地给孩子以正确的解答。父母应该把性当作每个人成长过程中必须要了解的科学理念和知识来介绍给孩子，要把性看作是美好的，一定要确立这个观念。

2.及时传授孩子性知识

青春期是孩子生理和心理发展的突变时期，有人把它称为人的“第二次诞生”。这期间，孩子的生理和心理都会有很大的变化，对于很多不理解的变化孩子羞于告诉老师和家长，可是心里又有很多疑问得不到解答。因此家长要注重孩子的青春期教育，否则，孩子很可能会对性、对人产生许多偏颇的理解与想法，严重的还会诱发社会问题。

吕蒙今年13岁了，是个活泼、开朗、好奇心强的女孩。一天，蒙蒙放学回来对妈妈说：“妈妈，今天我发现我们班韩丽丽的裤子上有些血，就在屁股那里，我估计她可能摔伤吧。可是我没有看到她摔倒呀！”

妈妈明白，这个女孩一定是来月经了。突然发现，自己的女儿也已经13岁了，是大姑娘了，因此也应该让她知道这些事了。所以，妈妈就对蒙蒙说：“妈妈觉得，你那个同学不是摔伤了，她是来月经了。”

“什么叫月经？”吕蒙好奇地问妈妈。

“月经是每个女孩都会有的，而且对于女孩子来说是一件好事，说明这个女孩长大了，是一个女人了。月经不是一件让人为之感到羞耻的事，而是正常的生理现象，你到了一定年龄也会有的……”

在妈妈的解释下，吕蒙的好奇心得到了满足。

孩子进入青春期的一个明显标志就是性的逐渐发育成熟，如女孩子的月经初潮、乳房的发育；男孩子的遗精现象等。对这样一些前所未有的变化，如果孩子事前没有充分的思想准备，往往会感到紧张、困惑，甚至焦虑不安。所以，做家长的最好在孩子进入青春期之前，至少在孩子出现这些变化时，及时地把这一时期他们应该懂得的一些性知识告诉他们，这是非常必要的。

3.允许和鼓励孩子与异性正常交往

当孩子们进入青春期与异性朋友的交往增多时，家长应持正确的态度，不能对其横加指责，否则会使孩子产生逆反心理，容易使孩子在心理上偏离轨道。

张先生的女儿今年12岁，容貌秀美，亭亭玉立。亲戚朋友见了少不了夸她几句，张先生听了也十分得意。一天，张先生在路遇到女儿与一男生骑车并肩而来，谈笑风生，忽然意识到女儿“大了”，心中顿生不安。

思前想后，张先生做出了决定：鼓励孩子与异性交往。他认为：既然性成熟已经到来，既然对于异性的好奇、倾慕已经是必然，那么为父母者的上策是给他健康、开放的交往机会，这样，女儿可以自然而然地学会相关的交往技能并形成正确的态度，增强今后对于各种刺激的免疫力。

于是，女儿生日聚会前，张先生主动建议：除了女同学之外，邀请一些男生，气氛会更活跃。果然，生日聚会热闹非凡，格调不俗。爸爸与朋友相聚时，也总是不忘关照一下，请朋友带上几个与女儿年龄相仿的男孩子。于是，女儿的身边同性朋友、异性朋友各有一堆。动辄呼朋唤友，或节假日登山、游泳，或考前集体会战、苦读。女儿自然坦荡，他人率真无邪。后来女儿进入大学，远离父母，在牵挂之余，张先生颇有信心：女儿有足够的经验和能力处理好交友问题！

家长对于孩子与异性的交往应采取客观、积极的态度，这样才有利于孩子形成正确的异性交往观。家长坦然、积极的态度能消除孩子过强的好奇心和逆反心理,学会与异性融洽相处。

快乐崇拜，引导孩子正确追“星”

在当今社会，追星是一种很普遍的现象，“追星族”这个名词越来越普遍，尤其是青少年，他们似乎是“追星”的易感人群。

从成长心理学的角度来分析，青少年追星是因为他们心理的需求。根据心理学家的说法，青少年处于由孩子向成人的发展阶段，正是长身体、长知识和树立远大理想的时期，他们的理想、愿望正处于迷茫和混沌中，需要自我的实现和完善，他们既想摆脱儿童的心理，又想像成人那样体现成熟。明星的出现使他们眼前一亮，从明星的身上看到了自我实现的希望，追随他们、崇拜他们，已成为心中的渴求。

然而，由于青少年还没有完全形成个人的主见，很容易人云亦云，随波逐流，而且情感不稳定，容易冲动。因此，不少青少年的偶像崇拜容易陷入盲从与狂热，从而带来不利的影响。有些人把自己大量的时间、精力和情感，投入到追星活动中，荒废了学习和青春，迷失了自我。

兰州女子杨丽娟十几岁时，开始迷上刘德华，毅然辍学，不读书、不工作，终日只想与刘德华见面，其父母为协助她圆梦，不惜花尽家中积蓄，变卖寓所，甚至老父亲杨勤冀要卖肾为女儿筹措见偶像费用，但始终无法如愿。她的疯狂行径受到内地报章及电视台大肆报道，刘德华通过经理人回应称，如歌迷用不正常、不健康的方法要与他见面，他决不理会，并称最憎恶不孝的歌迷，家长也不应纵容孩子过火行为。

后来，杨丽娟因不甘于被刘德华误会她不忠不孝，为要亲自向刘德华说清楚，其父亲杨勤冀高利借了11300元，一家三口由兰州第三次踏足香港，但由于刘德华未能满足作为其超级粉丝的女儿私下见面合影的要求，杨父一气之下投海自尽，并留下遗书希望刘德华能再见女儿一面。

这就是盲目的崇拜偶像所致的。“偶像崇拜”是青少年成长中的普遍现象，本无可厚非。但这种现象演变为疯狂而热烈地“追星”，则可能毁掉人的一生。

其实，追星并不可怕，许多人在青春期时都追过星。与现在孩子主要追影星、歌星不同，以前人们追体育明星、戏曲明星、劳模、科学家、作家等，只是喜爱的对象有别而已。年轻人精力旺盛，充满想象与幻想，对将来的人生充满期待，渴望创造出非凡的业绩，偶像崇拜是其真实思想流露的一个渠道。如果这种崇拜适度，无疑是一种力量源泉，但是有的孩子却过了头，甚至走火入魔，为了得到明星的签名不惜牺牲学习时间，甚至因为偶像有了异性伴侣就要自杀、痛不欲生，影响到正常的学习和生活，以至影响到整个家庭，这就是心理问题了。

我们知道，盲目和疯狂的追星会影响孩子的学习和正常的生活，但如果家长对于孩子追星一味的反对，甚至于态度粗暴，这是不可取的，因为青春期的孩子内心存有叛逆心理，一味压制他们所钟爱的行为有可能会起反作用。作为家长，要学会尊重孩子，理解并坦然接受孩子对明星的崇拜，对孩子的崇拜心理和行为科学地干预和适当地介入。若能恰当地因势利导，则可变阻力为动力。

1.引导孩子学习偶像、赶超偶像

每一个“星”，并不是生来就辉煌的。大多数的“星”，都经历过非同寻常的艰苦过程，在他们身上，往往有不少好的精神。在根本上正是这些精神成就了他们。如果我们要求孩子们不只是追求星的外在光环，而是去寻找和学习光环背后的精神，那么每个“星”，都能帮助你的孩子更好地成长。

刘畅是个初二的学生，他的父母都是文艺工作者，长年累月忙忙碌碌，所以他只好寄宿学校。今年，刘畅的妈妈在家照顾儿子时，才发现儿子除了全方位地追星，没有任何见长的方面。刘畅最喜欢谢霆锋，常常眉飞色舞地讲谢霆锋的行踪和帅气。为了让儿子有所改变，有一天，妈妈和刘畅谈话时，机智地插进了几段谢霆锋从阔少爷到成为艰苦独立的大男孩的生活故事——谢霆锋出生在富有的名人家庭，从小只身到国外读书。家中虽有钱，但只给他读书的钱，他只能自己打工挣钱学音乐。谢霆锋很早出道，但并不顺利。有一次拍戏时，他不慎伤了脚，骨头都露出来了，他怕失去角色坚持拍完才去医院，已过了3小时，打破伤风针已不见效了，一旦感染非常危险，他自己签了字，作了缝合。他的坚强和勇敢感动了许多人，“我是用命换来了导演们的信任。”

通过这次谈话，刘畅被谢霆锋的故事深深打动，他明白了一个人不经过艰苦的磨砺，就很难以坚强的意志使自己进步、成才的道理。现在刘畅改变了很多，虽然还在寄宿，但从不多要钱了，很长时间都没有要求妈妈带他去买名牌服装了，他的精力明显地集中在学习上了。

在日常生活中，父母应多了解孩子为什么崇拜这位明星，和他一起分享崇拜的心情。最重要的是，父母让孩子知道这位明星为成功所付出的努力和辛苦，使之转化为男孩成长的助力。当然，还应指导孩子不要由于崇拜而匐伏在偶像脚下顶礼膜拜，要引导他们既要有敬仰之心，又要有学习赶超之意志，克服可望而不可即的怯懦心理，在崇拜中激励自己，以实际行动向名人、明星学习，勉励自己学习偶像，赶超偶像。

2.跟孩子一起去“追星”

当父母发现孩子追星时，不妨自己也跟孩子一起追星。父母只有同孩子拉近关系，如同好朋友一般沟通无障碍，才能让孩子听进父母的话。父母只有真诚地贴近孩子的心灵，走进孩子的生活，才能正确地引导孩子，让他们在追星中健康成长。

下面这位母亲的做法非常值得大家学习：

我的女儿是一名小“追星族”，她的偶像是周杰伦，家里堆满了周杰伦的海报、碟片。对于她追星之事，起初，我心里也曾非常着急：不顺着她吧，怕引发她的逆反心理；顺了她吧，又担心她长此以往荒废学业、迷失自我。后来，我偶然从大禹治水的故事中得到启发：大禹治水，疏而不堵。何不在女儿追星的过程中，加以正确引导?只要有了适时引导，相信她不会沉湎其中不能自拔。想要引导，就必须比她更清楚明星，进而从中寻找契机。所以，从那一刻起，我作了一个疯狂的决定：陪女儿一起追星。

女儿有她的一套“装备”：海报、口袋书、明星纸贴……我有我的秘密武器：及时、同步从网上搜索下载周杰伦的资料，包括身高、体重、生日、喜好等等，一应俱全。偶尔还会跟女儿就某条信息的出入争得面红耳赤。其实，与她争执只是想让她知道，追星是件非常普通的事情，并不代表青春与时尚，你看，妈妈也会，从而淡化“追星族”在她心目中的优越感和影响力。

有一次，和女儿谈到周杰伦，我跟她说：“你看人家周杰伦，不仅人长得帅、会唱歌、谱曲、演戏，还会弹钢琴。长得帅、会唱歌是先天条件好，你也具备。但谱曲、弹钢琴都是需要后天努力才能够达到的。什么时候妈妈也给你报个声乐、器乐班去培养一下?”女儿想了想，爽快地同意了。我偷笑不止，要知道，以前也曾说要送她去培训班，她把头摇得跟拨浪鼓似的。

渐渐地，我和女儿成了无话不谈的好朋友，谈论的话题从周杰伦开始，逐渐延伸到她成长中的很多方面，我们谈到了理想、未来这些以前从未谈过的话题，我对女儿多了很多了解，女儿对我也多了很多理解。

这位母亲很了不起，她尊重孩子、理解孩子，在和孩子共同了解偶像的过程中，挖掘偶像的榜样作用，让偶像的力量激励孩子成长进步。

孩子的隐私，你尊重了没有

隐私，是每个人藏在心里，不愿意告诉他人的秘密。人人都有自己的隐私，孩子也不例外。

随着年龄的增长和独立性的增强，孩子们开始有了自己的一些“秘密”，日记就变成了孩子倾诉的“朋友”。但很多父母以对孩子“负责”“关心”为由，想方设法翻看孩子日记，偷听孩子谈话，殊不知这些父母的做法却正是孩子们最反感的行为，会伤害孩子的自尊心，造成孩子沉重的精神压力，甚至产生敌意和反抗，导致父母与孩子关系的恶化。

初二男孩杨泉，怕父母动他的抽屉，翻看他的日记和信件，便在抽屉最上面放了一张白纸，纸上放一根头发丝作为“封条”。第二天放学回家，杨泉发现头发丝不见了，显然，抽屉被人动过了。

过了几天，他在抽屉里放了一张纸条，上面写道：“侵犯人权！”结果，抽屉还是被动过了。又过了几天，他将一张写着“窥视的人是不应受到尊重的”纸条放在抽屉里。

这次可闯下了大祸！父母一反常态，当着他的面打开了抽屉，说：“要尊重就尊重父母师长，还轮不到你要求尊重。”杨泉据理力争：“你们不要侵犯了我的公民权好不好？”做爸爸的脸上掠过一丝冷笑：“你在我面前没有公民权，在家中你只是我的儿子，不是什么公民！我是你老子，看你的日记和信件是我的权力！”

有些父母通常没有“孩子也有隐私”的观念，觉得孩子有秘密就是有“隐瞒”，是对父母不信任，是最不能容忍的。他们没有意识到孩子正在长大，没有真正考虑到孩子的感受。他们总觉得孩子年龄小，所以父母可以替他的隐私做主。实际上，这种想法是非常错误。我们要明白一点，孩子首先一个人，而不是父母附属品，所以他有了自己独立人格，自然就有情感上的独立。任何人都不应该任意限制他们，也不应该举着各种美丽的幌子去任意揭露他们的隐私。剥夺了孩子的隐私，等于剥夺了孩子心灵成长的空间，不利于孩子的自我完善。

一位父亲有一次没敲门就进入儿子的房间，儿子竟恼怒地大声问道：“有什么事？为什么不敲门进来！”这位父亲十分伤心：“白养这么大了，怎么这样对待我。”

可是儿子在自己的日记中却这样写道：“我看书写作业时，有时学着学着，感到背后有喘气声，猛一回头，发现爸爸正在偷偷地看我。每当这时，我就觉得自己像做错了事，气得跟他们吵。对他们不敲门进房间我特别反感。我觉得每个人都要尊重别人的想法，父母也不例外。”

父母侵犯孩子的隐私，会造成孩子的反感和对父母产生防范戒备的心理，甚至是导致孩子与家长的严重对抗，父母与子女关系紧张，家庭教育失效。所以，家长应以朋友的身份与子女交谈，给子女以一定的心理空间，让他们尽量自己处理生活、工作、学习中的问题，要相信孩子的所作所为。只有家长尊重孩子，孩子才能尊重家长，才能发展成为成熟又自信的社会人。

1.经常与孩子沟通

孩子的隐私权与家长的监护权之间，如果有良好的沟通作为桥梁，那么，它们本是一体的。沟通是相互的，但家长理应更主动，起到主导的作用。父母应该常与孩子沟通，试着了解他们的想法，要相信孩子、理解孩子，宽容孩子在成长过程中的稚嫩想法和做法，尽量以平等的身份多与孩子交流，倾听和征求孩子的意见和建议。如果孩子真把自己的父母当成最知心的朋友，家长还有必要去干那些偷偷摸摸的事吗?

有一位母亲这样述说了和儿子关系的转变：

“儿子初二那年，我发现他的一个日记本是带锁的，手机也设置了密码。我知道，那里一定有儿子不希望我们看的东西。那一刻，我心里很不好受，觉得自己是个失职的妈妈。

我到学校找到老师了解情况，并未发现有什么异常，于是我反思自己，是不是对他管得太严而使他没有了个人的空间；是不是我过多的关心让他自觉地逃避；是不是我无处不在的唠叨让他很烦。

虽然我很想看看日记里写了些什么、手机里有什么秘密，如果我想知道，并不是难事，但我还是抑制住了自己的好奇心。在人格和尊严面前是没有父母孩子之分的，我不想用“非凡”的手段获取所知，从而采取另一种方式与他交流。

我主动和他聊学校里的事；在他看书学习的时候不再陪在他身边；有些家里事还找他拿主意；不时地把自己的小秘密拿出来和他分享，告诉他这是我的秘密，只许他知道，慢慢地让儿子觉得我很信任他。那天我进屋给他送牛奶，他正在写日记，看到我进来，他并没有马上收起来，我知道儿子对我已不再设防。”

这是一位多么智慧的母亲，她没有侵犯孩子的私隐，而是留给孩子一片属于自己的天地，与孩子坦诚相待，从而建立了亲子关系的和谐。所以父母应经常与孩子沟通，试着了解他们的想法，要相信孩子、理解孩子，宽容孩子在成长过程中的稚嫩想法和做法。要注意培养孩子独立的人格，培养孩子明辨是非的能力，尽量以平等的身份多与孩子交流，倾听和征求孩子的意见和建议。

2.不用隐私要挟孩子就范

有些父母发现了孩子的隐私，会用它作为要挟，要求孩子按照自己的意愿行事，这种行为无法赢得孩子的尊重，孩子最痛恨被人用隐私要挟自己就范的行为。父母只有尊重孩子的隐私、秘密，并给予保护，才能获得孩子的尊重和爱戴。

3.多给孩子一些自由空间

父母要根据孩子的选择给他自由，不能多加干涉。努力创造条件，发掘孩子的内心世界，减少神秘感，培养孩子的独立意识和创造能力，引导孩子在学习和生活中检查、论证自己的思维过程和内心隐私的正确程度，以规范自己的行为。

4.赢得孩子的信任

李敏平日里养成了写日记的好习惯。一天，她正在房间里写日记，听到有人敲门，“是谁？”

“是妈妈，我可以进来吗？”“请进！”李敏一边答应，一边把日记本合起来。

原来妈妈是给他送牛奶来了。“又在写日记啊？”妈妈问道。

“是啊，你可不能偷看哦！”李敏娇嗔地“警告”妈妈。

“好，妈妈不看。其实妈妈小时候也像你一样，不光要写日记，还要拿个小锁把日记本锁住，生怕别人偷看了我的日记。”妈妈一边抚摸着李敏的头发，一边说道。

“那有人偷看过你的日记吗？”李敏好奇地问妈妈。

“没有，他们看我日记上有锁，就知道我不希望别人看我的日记，也就不看了。想想那时候挺好玩的，一把小锁，仿佛锁住了自己的快乐，呵呵。”妈妈笑着对李敏说。

“我的日记里也有好多快乐。”李敏对妈妈说。

“我知道，其实妈妈很希望能分享你的快乐，也包括忧愁。不过妈妈会尊重你的意愿，不会偷看你的日记的！”妈妈真诚地说。

“既然妈妈这么说，我倒愿意和你一起分享我的日记了。”

就这样，妈妈既尊重了李敏的意愿和隐私，又得到了李敏的信任和爱。

隐私是可以转化的，前提条件是信任。对于孩子的一些事情，当孩子不信任你时是隐私，信任你了可能就不是隐私。家长只有通过关怀、尊重等方式赢得孩子的信任，孩子才会自觉自愿地和你谈他的隐私，分享他的成长，所以，家长要争取孩子的信任。

帮助孩子克服厌学情绪

7～8年级的孩子正处青春期，很容易有厌学心理，一般造成厌学心理的原因是由于青春期的孩子生理和心理发育不成熟，学校和家长又给予过大的压力，使孩子出现一些情绪和行为的改变。当孩子出现厌学心理时，就会出现消极对待学习、不积极听课、不完成作业等等情况。长时间如此，不仅会对学习丧失兴趣，严重的甚至旷课，逃学。

婷婷今年上初中三年级了，马上面临着毕业考试，这学期，父母对她管教得很严，尤其是学习方面。但是，父母发现，婷婷似乎是越来越不爱学习了，成绩也开始直线下降。父母着急上火，但婷婷自己却像个没事儿人似的，整天优哉游哉的。

一次，婷婷的父母跟老师诉苦："以前放学回家还知道看书、做作业，可一上初三就连作业都不做了，书也不看了。要么看电视，要么就坐在电脑前，不是上网就是打游戏，反正就不看书做作业。你说她两句吧，她就'嗯''啊'地答应，可过半个小时你再看，她还在那玩呢。

"我们尽量去和她做朋友，逮住机会就做思想工作，可怎么说也没用，道理她都听不进去。问她为什么不学，她说：'不为什么，就是不想学。'女儿都这么大了，我们不可能，也不想整天监督着她学，可她根本理解不了父母的苦心。

"有时候早晨去学校的时候，她总是磨蹭再三，拖拖拉拉的，似乎是很不愿意去学校。"

从婷婷的表现来看，就是典型的厌学情绪。

孩子一旦厌恶学习，那么要想让他们自觉主动地学习，便成为一句空话，他们会采用各种方法逃避学习，逃避父母和老师的监督，视学习和学校如洪水猛兽。这样即使你不断地命令他学习，他都不过是应付了事，更别指望他主动地去求知了。所以，厌学情绪是孩子学习的最大"克星"，也是造成孩子不听话的主要原因。

有关教育专家认为，孩子之所以产生厌学情绪，大多同外部教育环境有关。其中，最主要的因素往往就来自于父母不适当的教育。

帮助孩子克服厌学情绪，首先应从父母身上找原因。父母对孩子过高的期望，是使他们产生厌学情绪的主要原因。不少父母对孩子要求过高，考试成绩要双百，古筝要达到八级，书画要得一等奖，绘画要取得好名次，不准去科技馆玩，放学后马上回家做作业……在过多的要求和过多的禁令重压下，孩子往往不堪重负，容易产生焦虑与紧张状态，进而不断出现失败感、挫折感。这时的孩子情绪极不稳定，变得恐惧、易怒、拒绝学习，从而导致对学习的厌烦情绪。

其次，孩子学习上的困难得不到及时有效的帮助，也是产生厌学的另一个重要原因。部分孩子性格内向，遇到学习上的难题不愿向老师、同学请教，因而影响成绩。当成绩不理想时，孩子就对自己更没信心。父母如果不了解孩子的这些真实情况而一味责备孩子，孩子也会产生对学习的厌恶。

另外，孩子自身对学习缺乏正确的认识，缺乏求知欲，也是厌学的原因之一。如果一个人怀有强烈的求知欲，他就会常常处于精神振奋的状态，就会热爱学习，就不会把学习当作负担

父母了解了孩子厌学的原因后，要“对症下药”，帮助孩子克服学情绪。在减轻孩子学习压力的同时，从各方面多关心孩子，这样就能逐渐培养孩子对学习的兴趣。

1.调整对孩子的合理期望

对于孩子的学习，家长要保持平常心，改变育子观念，要多和孩子沟通交流，要正确估计孩子实力，要注意孩子的性格养成，不给孩子规定不切实际的目标。

2.改变孩子对生活的态度和对学习的认识

家长要帮孩子改善所处的环境，可以请老师和同学配合，营造一个重学、乐学的氛围，消除孩子因学习成绩不好而产生的被抛弃、被歧视的感觉，把孩子对学习的厌恶感、恐惧感转变为愉悦感、舒适感，从而积极、主动、愉快地开始新环境中的生活和学习。

有一个学生是个性格内向的男孩，刚刚升入初中的成绩在班内排二十多名，而在小学则是个尖子生。入学后他觉得自己在班内的名次较差，表现得十分消极、自卑、怯懦，一次单元测试成绩不如意就逃避回家，几天不去学校上课，甚至想退学以致产生活着没意思的念头。他的班主任老师教学经验极为丰富，认为对于这样的自我意识较差的学生不能采取强硬的手段，而应该千方百计温暖他的心，使他从消极、自卑中坚强起来。班主任老师对同学们讲，当这位同学来校时，大家应用鼓励的目光和语言激励他，不允许有任何冷言冷语。对他的无故旷课，采取相对宽容的态度；每当开主题班会，尽可能让他发言。老师的信任、同学的鼓励使他慢慢从消极、自卑、怯懦中走出来，勇敢地面对生活，学习成绩也逐渐上升，初二上学期就跃入班内前六名。

对于厌学的孩子，鼓励是最好的办法，家长要与老师配合，发现孩子在某方面的“闪光点”，在他现有基础上，只要略有进步，就要及时鼓励，提高自信心，激发学习兴趣，通过提高外部动机，再强化内部动机。

3.激发孩子的学习兴趣

兴趣是最好的老师，因此，要不断激发孩子的学习兴趣。当发现孩子出现厌学情绪后，一定要帮助孩子使用不同的学习方式，如综合运用听、说、读、写等方式，避免孩子的学习时间过长导致心理上的厌烦情绪。

4.帮助孩子找到学习动机

很多时候，孩子并不清楚学习应该学什么，学习到底有什么意义，现行教育体制对成绩的强调几乎是他们对学习的唯一印象。这样，成绩不好的孩子对学习的厌恶也就非常自然了。所以家长应该与孩子一同探讨学习的本质，降低他们对成绩的关注，重新认识到学习过程的重要性，强化他们对学习过程的兴趣，并通过人生观、价值观教育和成功教育，让他们树立远大的理想和为提高民族素质、实现自我价值而学习的决心。

5.让孩子体验到成功的快乐

孩子厌学，主要是由于孩子无法体验成功的快乐，因此，家长和老师要不断发现孩子的优点，稍有进步就要及时进行鼓励，让孩子尝到学习的甜头，让孩子有成就感和愉悦感。这样，孩子就会逐渐地喜欢上学习。

与孩子一起直面“早恋”问题

早恋是个十分敏感的问题，是孩子成长中不可避免的一个过程。著名诗人歌德曾说：“哪个少男不钟情，哪个少女不怀春。”处于青春期的少男少女，由于生理的发育趋向成熟，心理的发展也加快了步伐。产生了对异性的好感、探求和接近的强烈愿望，这是一种正常的现象，是青少年身心发展健康的表现。对于多数孩子来说，他们只是模糊地感受到一种爱与被爱的愿望，一种躁动不安的心态。孩子此时的情感，很纯洁、很美好，更多的是一种比友谊略多一点的男女间的好感。只有个别的孩子或因受到某种刺激，或因受到某种影响，或因自身意志薄弱，缺乏自我控制能力，把愿望付诸行动，从而出现了“早恋”现象。

处于早恋的孩子往往表现出一些反常现象。比如上课分心走神，精神恍惚，学习成绩突然下降；情绪起伏大，心神不宁；开始注意打扮，突然大手大脚花钱，善于在某个异性面前表现自己；突然有人发信息、打电话，经常与某一异性交往，甚至发生各种越轨行为。

很多家长对这个问题都十分关注，当发现孩子早恋之后，家长们往往如临大敌，对孩子诸多限制，却往往适得其反，导致孩子更加逆反。

一天，妈妈给正在房间里写作业的瑾冉送水。当妈妈推开门的时候，发现瑾冉并没有像以前那样认真地学习，而是正在认真地读着一封信，并且满怀欣喜。可是，一看到妈妈进屋，瑾冉却慌张地把信塞到了抽屉里。

妈妈觉得有些蹊跷，表示想要看看那封信。刚开始，瑾冉挡着妈妈不让妈妈看，可是，看到妈妈有些生气了，她只好把信交给了妈妈。

妈妈打开信一看，才知道是一封情书，只见信上写着：“我喜欢你”、“我会等你”等字样，还有很多表示好感、喜欢的话。这让妈妈感到非常生气：孩子这么小就早恋，那还了得！于是，第二天妈妈就把这封信交给了瑾冉的班主任。

写那封信的是瑾冉同班的一名男生，接到信后，班主任便把两人叫到了办公室进行教育，并且还让他们各自写检查和保证书。这样一闹，瑾冉的同学都知道了情书的事情，因此经常背后议论瑾冉“早恋”的事情。

回到家，妈妈也经常教育瑾冉：“你说说你这么小的孩子不学好，一个女孩子家学人家早恋，你要是能把心思都放到学习上该多好啊……”听到妈妈的数落，瑾冉想不明白，不就是同学给自己写了一封情书表示好感，妈妈至于天天这么念叨吗？这又不是自己的错。

在这种环境下瑾冉无法安心学习，上课的时候她也不能集中精力听课，学习成绩也下降了很多。

每一个“早恋”的孩子，都不希望父母粗暴干涉自己纯真、朦胧的感情。所以当家长面对子女早恋时，不要用自己的思维方式来要求孩子，把双向沟通变为父母单向的训斥、辱骂，甚至殴打，这种简单粗暴的施教方法只会使子女产生逆反心理。在很多情况下，更会把纯情的少男少女逼上绝路。

青春期的孩子喜欢接近异性，多数人是一种对异性的好奇、向往和倾慕，甚至“早恋”也只是一种自然朦胧的爱，是真实感情的体现。但是他们不稳定、不成熟，受感情纠缠多，分散精力和影响应完成的学业。因此我们既要保护他们对异性的纯真感情，又要对他们的行为进行细致地说服教育，不应采取粗暴态度去狠批和硬拆。

14岁的女儿吞吞吐吐、欲言又止地告诉妈妈，自己喜欢上班里的一位男同学。

妈妈听后，并没有责备女儿，反而亲切地搂住女儿说：“你长大了，妈妈为你高兴。真巧，妈妈也是在像你这么大时喜欢上同班一个男生的。但是，当时妈妈十分理智地战胜了自我，读大学时选择了你的爸爸。你看，妈妈和爸爸现在的生活多幸福呀！”女儿既诧异又欣喜地对妈妈说：“我的好多同学都为这种事被家长骂呢，妈妈你真好，能理解我。我懂了，你放心吧，我会处理好的。”

不久，妈妈就发现女儿不再像以前那样整天心神不宁的了，学习成绩也开始不断提升。

对于陷入爱河的女儿来讲，父母的理解就是对她最大的支持。这位妈妈没有将自己放在高不可攀的位置上，将那些理想目标交给女儿去实现，而是打开心扉，用自己的经历去分析女儿的处境，教会女儿用理智来控制自己的情感，学会分辨幻想和现实。

早恋是每个孩子都可能面临的问题，家长不要把它当作洪水猛兽，而应该以理性的态度去面对，以平常心处之，耐心倾听孩子的心声，真诚交流所思所想，悉心指导孩子的行为，切忌态度简单粗暴。家长要尊重孩子的人格和自尊，寻找早恋发生的原因，对症下药，耐心疏导，让孩子在早恋的经历中慢慢成熟起来。多给孩子以一份关心，鼓励他们将眼光放远，从而走出早恋的迷雾。

1.多和孩子沟通交流

对于孩子早恋的问题，父母可以找一个合适的时间、地点与孩子进行沟通。把青春期的特征、必要的性知识和对异性的好感等相关信息与孩子进行沟通，同时告诉他们人的一生有几个阶段，最聪明的人就知道什么时候该做什么事情，什么事情是最主要的、次要的和不必去做的。作为一个学生，当前只有学业最为重要，因为一个知识不充分的人是没办法实现自己的理想的，也是不会完全受到人尊重的。告诉孩子做父母的并不反对他们恋爱，但反对他们选择的时间不对，必须提醒他们什么时候该做什么，否则就是父母的失职。

李伟是一个初中二年级的男孩。下学期将面临会考，妈妈知道现在的孩子学习压力非常大，因此在平时就非常关注李伟的情感需求，经常和他谈心，母子两人无话不谈，就像一对好朋友。

一天晚上，妈妈见李伟说话犹犹豫豫、吞吞吐吐，知道他有话想对自己说，可是又有些顾虑。于是，妈妈轻轻地抚摸着李伟的头，温和地对他说："儿子，你是不是有什么话要对妈妈说呀？"

李伟从书包里拿出一张小纸条，边递给妈妈边说："妈妈你看，今天我们班有个女同学给我写了一张小纸条，我不知道该怎么办。"

妈妈感到非常诧异：这么小的孩子难道也学会了谈情说爱？现在的女孩子真是够开放的，都主动给男生递纸条了。不过，妈妈打开小纸条后，感到非常好笑，小纸条上只有一句话：我喜欢你，明天放学后在操场上等我。

这下妈妈放心了，她平静地对李伟说，以前自己上中学的时候也有男生给自己写过小纸条，不过她从没有理会过，只是一门心思地学习，结果他们两人的成绩并未受到影响，后来他们都考上了理想的大学。

妈妈还告诉李伟："男孩女孩之间相互吸引是正常的，但不要把这种感情放在心上，要把它当做一种正常的友谊来看待，时间长了这种感情就淡化了。"

听了妈妈的话，李伟明白自己该怎么做了。他让同学把小纸条还给了那个女生，并告诉对方现在主要精力应该放在学习上。李伟也像以前那样专心致志地学习，成绩并没有受到不良影响。

事实证明，如果家长们能够像上面李伟的妈妈那样，在平时就多关心孩子的情感生活，经常和孩子聊天谈心，是可以预防孩子"早恋"行为的。

2.正确引导孩子的行为

当孩子早恋时，父母有责任指导孩子处理情感问题。但指导孩子时，父母不要把自己置于教育者的地位，而是以经历、体验过类似困难的长者身份去帮助他们排除困扰。态度要真诚，与孩子真心交流，才能帮助孩子重新摆正自己的位置，培养他们追求理想的信心。

一个男孩与同班的一个女孩相恋了，男孩的父亲与他单独进行了一次谈话。

父：“儿子，你是不是觉得她是最好的女孩？”

子：“我觉得我认识的女孩里她最可爱。”

父：“爸爸相信你的眼光。但是，到目前为止，你认识的女孩有多少？”

子：“我心里只有她。”

父：“你说你要上大学，将来还要出国深造，想成为一名律师或金融家。你知道你将来会遇上多少好女孩吗？爸爸并不反对你现在谈女朋友，但是，爸爸最反感的是见异思迁。这个女孩是你到目前为止认识的最好的女孩，可是，你将来会有更多的机会，遇到更多的女孩，到那时你该怎么办？你会不会后悔？”

子：“可是，现在让我离开她，我会很痛苦。”

父：“你上小学四年级时买的“随身听”呢？”

子：“前两天，您给我买了个高级的，我觉得音质比原来的那个好，就把原来的那个送人了。”

父：“这就叫一山更比一山高。如果你能把握好每一个属于你的机会，你以后的成就只能比今天大，你面对的世界只会比今天更广阔，到时候你的选择只会比今天更好，更适合你。如果你与这个女孩真有那份情缘，到时候再让它开花结果多好。儿子，一个人一生不可能不做些让自己后悔的事，但是，人生大事只有几件，后悔了，就会

遗憾终生。”

子：“爸爸，我懂了……”

从此以后，男孩把对女孩的特殊感情像一粒种子般地深埋在了心底，但生命的乐章却弹奏得更欢快了。他明白，即使爱的种子发芽了，也不能长成参天大树，更不可能结出甜美的果实。因此，在这之前，自己只能做一个默默耕耘的农夫，等待庄稼成熟。

例子中的父亲面对男孩的早恋，不是用命令的口气让男孩放弃，而是选择理解男孩的需求，帮助他树立正确的爱情观认识爱的真谛，并以平等的态度与他交流自己对人生、爱情、学业的看法。

处在青春期的孩子，在同性别同年龄人中形成亲密朋友关系的同时，由于生理发育导致性的萌动，同时也会导致对异性的关注和产生感情，而且，这种关注会不断增强，以致对特定的异性萌发出爱慕之情，这是很自然的。家长应该信赖孩子，以朋友的身份、平等的地位与孩子谈心，帮助孩子处理情感波动的问题，培养孩子自觉地去约束自己的行为。

3.转移孩子的注意力

少男少女之间的爱慕和相互吸引是人之常情。处于青春期的孩子往往难以克制自己情感的冲动而堕入感情的漩涡。青春期是求学的重要时期，涉足感情将会分散精力，从而严重影响学习和进步。由于精力有限，往往对集体活动开始冷淡，和同学的关系渐渐疏远，加上舆论的压力和父母、老师的反对，早恋者往往会有一种负疚感，背上思想包袱，矛盾重重，忧心忡忡。这种情况给孩子的身心发展造成了心理上的障碍。面对孩子早恋这一现象，做父母的不能只是一味地批评，还应该考虑到她们的苦闷。要引导她们转移注意力，升华情感，想方设法将孩子的注意力从“恋情”转移到学习、生活上，将被压抑的激情转移到集体活动中，使他们的情感在活动中得到升华。

偶然的一次，妈妈发现女儿早恋，对此，她不仅没有斥责女儿，反而比过去更加关心女儿，知道女儿喜欢语文，便鼓励她去参加年级朗诵组，还启发女儿写日记，让女儿的写作水平得到了迅速的提升。

于是，女儿的习作频频出现在班级的墙报上。女儿开始由一对一的交往转向了集体，常为班级做好事，而且在一次班干部选拔中被同学们推选为生活委员。

期末考试时，女儿的成绩比以往有了很大的进步，进入了年级前五名，还被评为了三好学生。

现在，学习和集体活动几乎成了女儿的主要活动，当初对异性的爱慕心理也渐渐平息、淡化了。

孩子陷入情感漩涡，最需要的是父母帮他们进行情感转移。父母要鼓励孩子积极参加集体活动，鼓励孩子与异性的正常交往，满足青春期的求异心理，使他们渐渐走出朦胧的情感世界。

远离网瘾，引导孩子合理上网

今天，互联网已渗透到人们生活的每一个角落，在人们能够想象的领域中，它几乎无所不在。通过它，人们可以和朋友保持联系、浏览信息、听音乐、结识新朋友，等等。网络生活已成为青少年生活的一部分。

网络改变了人们的生活，这是不容争辩的事实。可是，在它给人们带来极大便利的同时，却出现了新问题——网络成瘾。有的学生沉迷网络游戏、上网聊天，甚至上黄色网站，像着了魔一样没日没夜地泡在“网吧”，导致逃学、辍学、偷窃、伤人，最后走上了犯罪的道路。医学研究发现，终日沉迷电脑网络，往往容易导致网络心理病，医学上称“互联网成瘾综合症”。

初二学生郭阳对上网非常有兴趣，特别是进入了一个很热闹的聊天室后，更是沉迷其中。他每天上网超过10个小时，白天上课没有精神，精力无法集中，学习成绩严重下降，视力越来越差，脾气变得很古怪，对同学与家人越来越冷淡，不再主动与人交流了。妈妈感到他的问题严重，并发现是由于上网引发的，就坚决阻止他上网。可是已经严重上瘾的郭阳无法控制自己的情绪，认为妈妈是他的敌人，一气之下离家出走。

小亮12岁了，学习成绩一直很棒，有一次，他考了全年级第一名，妈妈给他买了一台电脑以示奖励，小亮特别高兴。可是，有了电脑之后，小亮开始沉迷于网络游戏中，简直不能自拔。妈妈给他的零花钱都拿去买了点卡，晚上通常都是在自己的小房间里玩到12点以后才睡觉，第二天7点就要起床去上课。老师发现小亮在上课时经常昏昏欲睡，就问他：“小亮，我看你上课时老犯困，是不是没有睡好？”小亮心里有些发慌：“没，没有啊。”时间长了，不明其中原由的老师把情况反映给了小亮的妈妈，妈妈也很奇怪：小亮每天很早就去房间睡觉了，上课时怎么还会睡觉？经过妈妈的仔细观察，终于弄清楚了其中的原因。妈妈告诉小亮：“给你买电脑是为了开阔你的视野，让你学到更多的东西，不是让你玩游戏的。”一气之下，妈妈把电脑给卖了。然而，小亮对网络游戏已经上瘾，电脑没有了，下课后他就偷偷地溜进网吧。

李离现在上初二，以前学习很好，自从家里买了电脑，他就经常上网玩游戏，父母不让他玩他就借口学习需要查资料。只要父母一离开，他就开始玩游戏，结果不到半年他的学习成绩由班里的前5名下降到30名。父母为此很着急，给电脑加了密码，不让他再玩电脑。谁知道李离的班主任有一天竟然打电话说李离没有去上课，也没有请假，问家长怎么回事。父母很着急，到处去找，最后在学校附近的网吧里才找到了他。父母明白李离已经有了很大的网瘾，以致学习成绩直线下降，现在竟然还逃课，很是后悔家里买了电脑，当初又没有严格限制他玩游戏，造成今天这样的局面。

看到网瘾对青少年的种种毒害，不能不引起我们的忧虑。据中国青少年网络协会提供的数据，目前，城市上网小学生比例为25.8%，初中生为30%，高中生为56%。据统计，患网络成瘾的青少年网民高达10%~15%，网络这把“双刃剑”正在无情地吞噬着青少年的身心健康，他们由于特殊的人格特征和心理需求，往往成为网络成瘾的高发人群，越来越多的青少年对互联网产生依赖感，并达到成瘾的程度。它像酗酒、吸毒和赌博等不良嗜好一样，对人们的工作、学习和生活产生破坏性影响，从而影响正常的社会生活功能。

上网成瘾的主要原因：一是好奇心。青少年有一种天然、自发的积极探索外部世界的心理倾向，网络游戏吸引、诱惑了一些人的好奇心，使其一发不可收拾，沉迷其中不可自拔。二是心理不成熟，学习压力和人际关系等原因，导致青少年处于一种心理的苦恼期，上网聊天、交友、“网恋”，成为得以宣泄和求得理解的方式。三是个体性格缺陷和一些不恰当的家庭教育方式，比如缺乏自信、敏感内向、家长溺爱或者忽视、强迫孩子，都会使孩子容易受到网络的诱惑。四是青少年的心理自控能力差，一旦上网成瘾，则很难戒掉。

网瘾是一种比较强烈的需求，较难克服。在了解了孩子的网瘾成因后，要解决孩子的网瘾问题，根本的途径就是：家庭亲情加素质教育。走进孩子内心，做好与孩子的心灵沟通是真正的科学戒网瘾办法。

1.控制孩子使用网络的时间

让孩子明确每次上网的目的（如为了查找学习资料、发邮件、看新闻报道、娱乐等），要控制自己使用网络的时间。在不影响自己正常生活、学习的情况下使用网络。最好平时用较少的时间进行网络通信等，在节假日可集中使用。平时每天玩游戏最好不超过一节课的时间，周末、节假日每天最好也不要超过3小时，还要注意每隔40分钟左右要停下来到户外活动活动。

2.给孩子更多的关心

孩子沉迷于网络，最伤心的是父母。但许多家长并不知道，孩子的行为到了这种地步，其中许多原因是家长造成的。大多数家长平时忙于工作，对孩子的照顾只是满足于“吃饱了，喝足了，穿暖了，兜里有点零花钱”，对孩子缺少实际上的关心，导致孩子将大量时间和精力花费在电脑网络上，是孩子患上“网瘾”的重要原因之一。

面对沉迷网络的孩子，家长需要做的是，花更多时间关心孩子，想把孩子从网络中拉出来，家长必须从关心孩子的现实生活开始，多关注孩子的情感需求，多关注孩子的心理变化，多帮助孩子解决学习和生活中的困难，多给孩子一些鼓励，多让孩子体验成功。孩子在现实生活中的满足感和快乐感增加了，他就不会老沉迷于网络而不愿自拔了。

3.转移注意力，培养广泛的兴趣爱好

有一个男孩子，曾一度迷恋网络，影响了正常的学习乃至生活。为此，父母伤透了脑筋，曾使出了打、骂、关等招数，却收效甚微。后来，他的父母想到儿子以前很喜欢画画，便想把孩子的兴趣爱好重新转移到画画上。在一次暑假期间，做通孩子思想工作后，父母把儿子送到一个美术培训班。刚开始，儿子确实有些坐不住，但毕竟画画是他原来的爱好，也就坚持下来了。经过一个多月的培训，儿子的画画水平大有提高，不仅提高了画画的兴趣，更让人感到高兴的是，孩子逐渐从沉迷网络中走了出来。

有些孩子过度痴迷于网络游戏，是由于其生活太贫乏无味，因此，一定要丰富孩子的课外生活，避免虚拟时空诱惑。例如，父母可以带孩子去旅游或郊游，在自然景观的熏陶中提升孩子对大自然的热爱；可以带孩子去参观博物馆、画展、摄影展等，提高孩子的文化素养；可以带孩子去图书馆，让孩子在知识的海洋中徜徉，提高学习能力；陪孩子在家里共读中外经典，在交流分享中增进亲子感情和陶冶性情，等等，让孩子逐步把精力转移到学习上。

4.培养孩子的自制力

小华周末打游戏打了很久，作业也没做，妈妈问他准备打到几点，他扭头看看钟说："再打10分钟。"妈妈说："说话可算数？"小华"嗯"了一声。很快10分钟过去了，他还在打，妈妈心里非常生气，却表现得很平静地说："你平常不是说说话要算数吗？"他脸一红，对妈妈做了个鬼脸，马上关掉了电脑。

后来他打游戏，妈妈总是要他先自己规定时间，时间一到，必须马上关机。开始的时候，需要人提醒，他才恋恋不舍地关机，后来只要停止打游戏的时间一到他就不打了，比以前自觉多了。

孩子的自制力一般都很差，看电视、打游戏时没有节制，如果家长只是劝说他停止或强行终止他的行为，只会让孩子难以接受或产生抵触情绪和逆反心理。如果引导他自己规定玩游戏或看电视的时间，给孩子一个缓冲，让孩子在心理上有个预备期，可以帮助孩子慢慢地形成自我节制的意识。